DE LA

PEINTURE RELIGIEUSE

A L'EXTÉRIEUR DES ÉGLISES

A PROPOS DE L'ENLÈVEMENT

DE LA

DÉCORATION EXTÉRIEURE

DU PORCHE

DE SAINT-VINCENT-DE-PAUL

PAR

J. JOLLIVET

PEINTRE D'HISTOIRE

PARIS

IMPRIMERIE DE A. WITTERSHEIM

8, RUE MONTMORENCY

—

1861

DE LA

PEINTURE RELIGIEUSE

A L'EXTÉRIEUR DES ÉGLISES

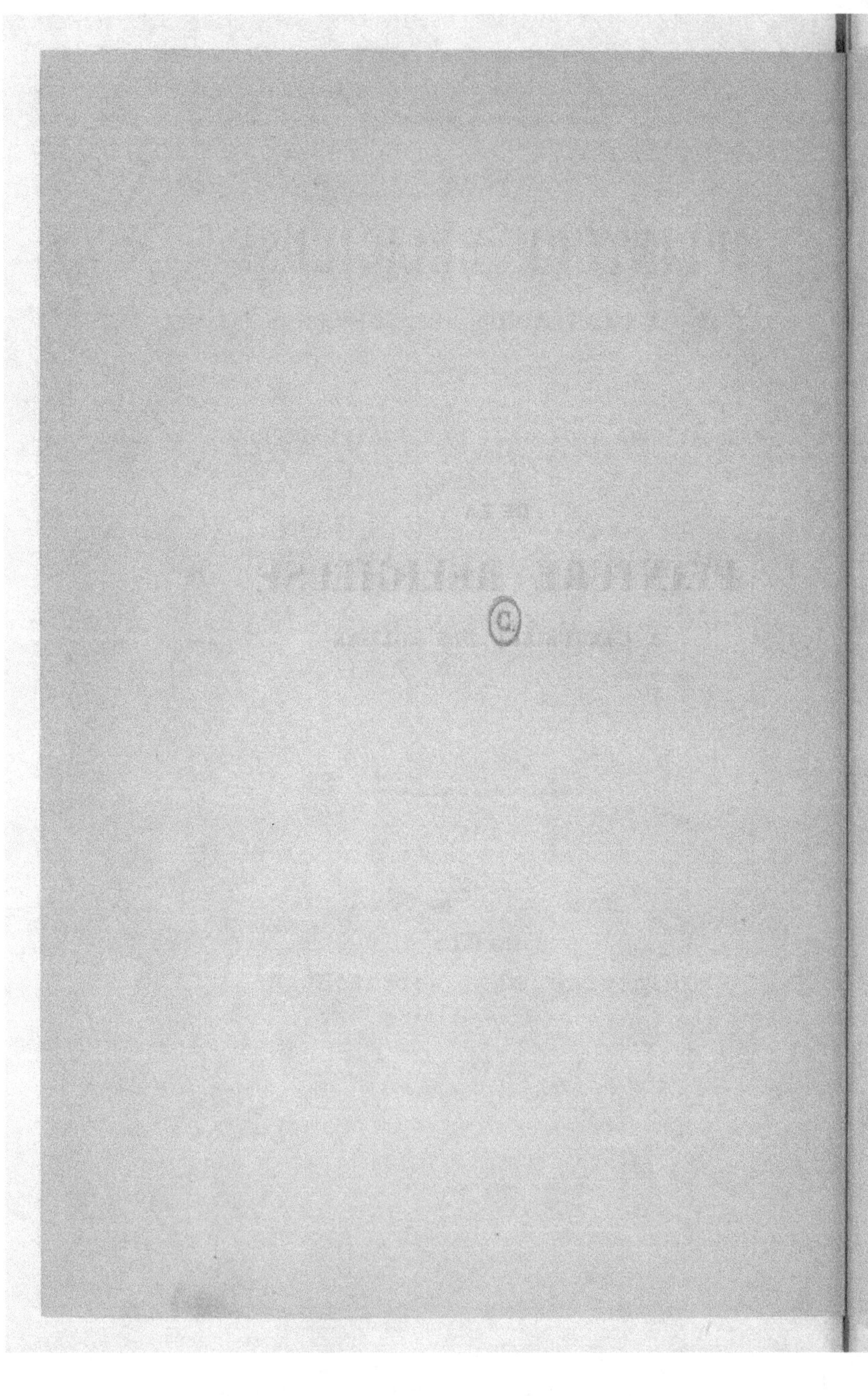

DE LA
PEINTURE RELIGIEUSE

A L'EXTÉRIEUR DES ÉGLISES

A PROPOS DE L'ENLÈVEMENT

DE LA

DÉCORATION EXTÉRIEURE

DU PORCHE

DE SAINT-VINCENT-DE-PAUL

PAR

J. JOLLIVET

PEINTRE D'HISTOIRE

PARIS

IMPRIMERIE DE A. WITTERSHEIM

8, RUE MONTMORENCY

1861

AVANT-PROPOS

J'avais depuis longtemps formé le projet de réunir dans un petit livre les divers articles obligeamment insérés par M. César Daly dans la *Revue générale de l'Architecture et des Travaux publics* sur les procédés matériels applicables à la peinture murale.

Mais il me fallait attendre les résultats définitifs du procédé de la peinture en émail sur lave que j'étais chargé de mettre en œuvre dans la décoration extérieure du porche de Saint-Vincent-de-Paul. C'était le dernier venu, et les tentatives partielles qui en avaient été faites jusqu'à ce jour n'avaient pas encore permis d'apprécier l'étendue de cette découverte née en France et que nous envie l'étranger, ni de régulariser la méthode la plus convenable à suivre dans son emploi.

Cette œuvre était terminée. Approuvée par la commission des Beaux-Arts, elle avait été mise en place, et le moment était venu de soumettre à l'examen du

public et de mes confrères les ressources et les avantages d'un procédé qui, promettant aux œuvres de la
peinture une durée en quelque sorte éternelle, effaçait les derniers obstacles à la mise en pratique de la
décoration extérieure par la peinture, décoration déjà
adoptée en principe et expérimentée simultanément
sous le porche de Saint-Germain-l'Auxerrois et, en
partie sous celui de Saint-Vincent-de-Paul.

Je me disposais donc à mettre sous presse lorsque
tout d'un coup j'apprends qu'un grand scandale avait
eu lieu dans l'église à propos de cette décoration. Un
prêtre, du haut de la chaire, avait dénoncé aux fidèles
l'immodestie des sujets représentés par l'artiste ; les
mères devaient défendre à leurs filles de lever les regards sur la face de la maison du Seigneur polluée
par les images de la création, de la faute et du châtiment de nos premiers parents, et par celle du Christ
qui, dépouillé d'une partie de ses vêtements, rece-
vait le baptême dans les eaux du Jourdain. Les fidèles
s'étaient émus de cette espèce d'anathème ; ils avaient
adressé à l'archevêque les plus ardentes plaintes, et
avaient supplié Sa Grandeur de faire disparaître au
plus tôt une décoration qu'une parole accréditée avait
frappée d'interdiction.

Le préfet de la Seine, saisi de ces réclamations,
convoqua la commission des Beaux-Arts pour donner
son avis, et la commission des Beaux-Arts conseilla de

faire droit au désir témoigné par l'archevêque. Ordre a été donné d'enlever les peintures du porche de Saint-Vincent-de-Paul, et cet ordre est exécuté aujourd'hui.

Cet événement imprévu m'enlevait le moyen d'invoquer un exemple considérable des ressources qu'offrait à l'art le procédé de la peinture en émail sur lave, et par conséquent m'obligeait à ajourner la publication du petit livre des procédés applicables à la peinture murale jusqu'au moment où je pourrais, à mes frais, produire un nouveau spécimen qui, dégagé des entraves qui jusque-là sous tant de formes avaient retardé la vulgarisation d'une importante découverte, me permettrait de soumettre la peinture en émail sur lave à toutes les exigences de l'art, réserve faite du talent dont je pouvais disposer.

Mais ce retard est de peu d'intérêt en présence de la dispersion d'une œuvre qui paraissait destinée à fournir le double exemple d'une peinture murale extérieure et d'un procédé qui la mettait à l'abri des injures du temps.

L'enlèvement de cet exemple et les motifs qui furent successivement invoqués à l'appui ont donc tout à coup élargi ou plutôt changé le cadre du sujet que je m'étais proposé de traiter.

Au simple exposé des procédés matériels applicables aux peintures murales, il me fallait substituer au moins un aperçu sur les questions les plus graves de l'art : la première, soulevée contre les peintures de Saint-Vincent-de-Paul, émanait du clergé, c'était une protestation contre le choix des sujets ; la seconde, c'était une condamnation du principe de la peinture extérieure, et cette condamnation avait été prononcée par la commission des Beaux-Arts de la ville.

Cependant, d'une part, l'administration avait prudemment introduit dans la commission un membre du clergé spécialement chargé de donner son avis sur les questions religieuses, et ses avis avaient été suivis non-seulement à propos du choix des sujets tirés des Écritures, mais à propos de la manière dont ils devaient être interprétés ou plutôt encore reproduits ; de l'autre, la commission avait précédemment prononcé l'adoption de la peinture murale extérieure, et les deux jugements, sur le choix du sujet et sur l'opportunité de décorer extérieurement le porche de Saint-Vincent-de Paul, avaient été simultanément confirmés par l'ordre donné à l'auteur de faire placer un ouvrage doublement approuvé.

Mais bientôt, revenant sur toutes ses décisions, la commission des Beaux-Arts a conseillé de faire disparaître la décoration de Saint-Vincent-de-Paul, et cette étrange contradiction rejette dans le doute des questions qui semblaient être résolues.

On a bien voulu m'affirmer que dans cette mesure, qui fait disparaître mon œuvre, je n'étais pas mis en cause, et l'on a tenté d'en atténuer la rigueur en reconnaissant que non-seulement je m'étais honorablement acquitté de la mission qui m'avait été confiée, mais encore que j'avais dépassé les espérances que la commission avait pu concevoir de l'emploi du procédé indiqué dans la commande.

Mais alors si ces déclarations sont sincères, et je n'ai ni le droit ni le désir d'en douter, il faut forcément attribuer à des causes mal appréciées de nos jours la poursuite et l'accomplissement d'un fait qui, dans l'histoire de l'art, ne s'était jamais présenté, c'est-à-dire la dispersion d'une œuvre précédemment approuvée.

Ces causes, on les connaît déjà, et leur effet peut s'étendre à d'autres travaux de l'art. En effet, elles révèlent de la part du clergé l'intention de ressaisir le pouvoir absolu qu'il avait autrefois exercé sur les œuvres de l'art religieux, et de la part de la commission la faiblesse d'une résistance qui semble démontrée par l'incertitude de ses jugements sur les questions les plus importantes de l'art.

Là cependant ne se borne pas encore le danger.

La commission des Beaux-Arts, qui s'est montrée si timide en présence des réclamations du clergé, s'est armée de nouveaux pouvoirs contre les artistes dont elle aurait signalé les antécédents honorables à la ville. Franchissant tout d'un coup les limites de ses anciennes attributions, elle a réclamé et exercé le droit de surveiller et de diriger les artistes, non pas seulement au début, mais pendant tout le cours des travaux qui leur étaient confiés, et elle s'est réservé celui de recevoir ou de rejeter des œuvres auxquelles elle a réellement concouru en imposant ses avis.

La peinture religieuse et l'exercice de cet art seraient donc désormais soumis à deux directions qui parfois seraient ennemies. J'ai vu dans cette double étreinte, et j'en ai ressenti les effets, un incontestable péril pour l'art et pour les artistes; mais je ne me suis pas senti assez confiance en moi-même pour aborder sans auxiliaires les questions que soulèvent les réclamations du clergé, les indécisions de la commission des Beaux-Arts et l'extension de ses nouveaux pouvoirs, questions auxquelles il faut attribuer en outre la position difficile qui vient d'être faite à mes confrères, soit sous le rapport de l'exercice de leur art, soit sous celui des droits protecteurs de leurs œuvres, droits qui, pour n'être pas écrits dans les codes, n'en étaient pas moins respectés par les esprits délicats.

J'ai donc recherché, dans l'*Histoire ecclésiastique* de l'abbé Fleury, dans les articles du dictionnaire de Moréri, où sont exposées les opinions des conciles et des pères de l'Église sur l'introduction des images dans les lieux consacrés au Seigneur et sur l'usage qui doit en être fait; dans l'ouvrage de Molanus, sur celles qui sont défendues ou permises, dans l'iconographie chrétienne publiée sur un manuscrit incessamment consulté par les peintres du mont Athos, dans le discours si remarquable d'Émeric David et l'ouvrage de Séroux d'Agincourt sur l'art de la peinture au moyen âge et sur les causes de sa décadence, les exemples que je pouvais invoquer pour justifier le choix des sujets reproduits dans la décoration de Saint-Vincent-de-Paul, rappeler les dangers d'une intervention trop grande du clergé dans la peinture religieuse et défendre contre la commission, qui l'avait elle-même adopté, le principe de la décoration extérieure.

Mais l'histoire de l'art ne m'apportait aucun secours contre des faits complétement nouveaux : l'enlèvement des peintures régulièrement et plusieurs fois approuvées, l'écartement d'un procédé reconnu précieux après avoir fourni la preuve la plus concluante de ses inépuisables ressources, la suspension des droits naturels des artistes généralement reconnus depuis des siècles et l'extension imprévue des attributions de la commission des Beaux-Arts, extension dont on chercherait en vain les motifs et la justification.

J'ai dû, sur ces sujets, me contenter d'exposer les conséquences de l'antécédent dangereux de l'abandon des progrès utiles et d'une tutelle qui, survivant à l'âge de majorité des artistes, flétrit par une pression imprudente les fruits mûrs des études laborieusement poursuivies.

Je ne crois pas, en agissant ainsi, avoir dépassé les bornes d'une appréhension prévoyante ; je ne crois pas non plus avoir oublié, en traitant un sujet difficile, complexe et périlleux peut-être, les convenances et les égards que je devais garder envers ceux dont je combats les actes et les opinions.

Mais s'il en était autrement, je les prierais de ne pas émettre de doute sur la sincérité de mes intentions, et de rejeter sur l'inexpérience de la forme sous laquelle je les ai présentés les arguments ou les expressions qui leur paraîtraient reprochables.

J'aurais pu, dans l'intérêt de la défense de la peinture sur lave, si étrangement abandonnée à propos d'une question qui ne la concernait pas, invoquer les opinions des critiques qui ont publié dans divers journaux des articles sur la peinture sur lave lorsque la première partie de la décoration du porche de Saint-Vincent-de-Paul a été exposée à l'appréciation du public ; mais la continuation de cette œuvre, qui n'a fait qu'apparaître un instant, a soulevé des questions qu'on ne pouvait prévoir, et je n'aurais pas trouvé dans ces articles, trop flatteurs pour mes efforts, les éléments d'un examen qui n'avait jamais été nécessaire.

Je prie les auteurs de ces articles de m'excuser de n'avoir pas invoqué un secours qui eût été plus profitable à moi-même qu'au sujet que je suis obligé de traiter, et j'offre mes témoignages de reconnaissance à MM. Jal, Delécluze, Delaunay, qui ont accueilli avec une bienveillante indulgence mes premiers travaux, et à M. César Daly, qui a bien voulu donner place dans la *Revue générale de l'Architecture et des Travaux publics* à tout ce qui concerne l'origine, la destination et la mise en œuvre de la peinture sur lave; à MM. Dupays, Desjardins et Chapus, et enfin à M. Paul Dalloz, qui a dernièrement inséré dans le *Moniteur universel* un complet et savant article sur cette matière intéressante.

Ajouterai-je que ces nombreuses expressions de l'intérêt qu'avait inspiré la découverte de la peinture en émail sur lave, que je tiens en réserve pour un ouvrage plus complet, auraient fait de cette brochure un gros livre, et que leur lecture attrayante aurait absorbé l'attention que je voudrais appeler sur les questions de l'art nouvellement soulevées.

J. JOLLIVET,

Peintre d'histoire.

Paris, le 9 mars 1861.

TABLE ANALYTIQUE DES MATIÈRES

CHAPITRE II.

DE LA PEINTURE RELIGIEUSE A L'EXTÉRIEUR DES ÉGLISES.

CHAPITRE III.

ENTRAVES A L'EXERCICE DE LA PEINTURE RELIGIEUSE.

CONCLUSION.

FIN DE LA TABLE.

DE LA

PEINTURE RELIGIEUSE

A L'EXTÉRIEUR DES ÉGLISES

CHAPITRE PREMIER.

DE LA PEINTURE RELIGIEUSE.

§ Ier.

« J'ai appris, il y a longtemps, que voyant quelques personnes adorer les images de l'Église, vous les aviez brisées et jetées dehors. Je loue votre zèle pour empêcher que ce qui est fait de main d'homme ne soit adoré ; mais je crois que vous ne deviez pas briser ces images, car on met des peintures dans les églises, afin que ceux qui ne savent pas lire, voient sur les murailles ce qu'ils ne peuvent apprendre dans les livres. Vous devez donc les garder et détourner le peuple de pécher en adorant ces images. »

.... « Dites-moi, mon frère (en écrivant à Sérénus, qui avait fait briser des images), quel évêque avez-vous jamais ouï dire qui en ait fait autant ? Cette seule considération ne devrait-elle pas vous retenir, afin de ne pas paraître seul pieux et sage au mépris de vos frères ?

.... » Si quelqu'un veut faire des images, ne l'empêchez pas, défendez seulement de les adorer. La vue des histoires doit exciter en eux la componction, mais ils ne doivent se prosterner que pour adorer la Sainte-Trinité. » Ainsi s'exprimait saint Grégoire, sur l'utilité des images.

L'an 727, l'empereur Léon attaque les images, mais saint Germain, patriarche de Constantinople, lui résista fortement, soutenant que les images avaient toujours été en usage dans l'Église, et déclarant qu'il était prêt à mourir pour leur défense.

En 732, le pape Grégoire III assembla un concile à Rome. En ce concile, il fut ordonné que quiconque mépriserait l'usage de l'Église, touchant la vénération des saintes images ; quiconque les ôterait, les détruirait, les profanerait ou en parlerait avec mépris, serait privé du corps et du sang de Jésus-Christ et séparé de la communion de l'Église.

Saint Jean Damascène combat pour les images... « Mais depuis qu'il s'est fait homme (Jésus-Christ), vous pouvez peindre sa naissance de la Vierge, son baptême dans le Jourdain, sa transfiguration sur le Thabor, ses tourments, sa croix, sa sépulture, sa résurrection, son ascension. Exprimez tout cela par des couleurs aussi bien que par des paroles. Ne craignez rien. »

Il explique ensuite les différentes significations du mot image et du mot adoration. « Le fils de Dieu est l'image vivante du père ; les idées de Dieu sont les images des choses insensibles. Ainsi l'Écriture, pour s'accommoder à notre faiblesse, attribue quelquefois à Dieu des figures corporelles... On nomme encore image ce qui concerne la mémoire des choses passées, soit par lettres, comme quand Dieu écrivit sa loi sur des tables, et ordonna d'écrire la vie des hommes qui lui étaient chers, soit par d'autres monuments sensibles, comme l'urne et la verge qu'il fit garder dans l'Arche... Le temple de Salomon était orné tout à l'entour de chérubins, de palmes, de grenades, de bœufs, de lions. N'est-il pas plus décent d'orner les murailles de la maison de Dieu d'images des saints que d'animaux sans raison ? »

Il cite encore les passages des Pères qui ont écrit en faveur du culte des images : saint Denis l'aréopagite, saint Basile, saint Grégoire de Nysse, saint Jean Chrysostôme, saint Léon, évêque de Naples en Chypre, et sur ce dernier il ajoute : « Quel est le meilleur interprète, de saint Épiphane, ce saint évêque qui a prêché dans la même île de Chypre, ou ceux qui parlent selon leur sens particulier?... Nous ne souffrirons pas qu'il paraisse que nous ayons eu divers sentiments et varié selon le temps, de peur que les fidèles ne regardent notre foi comme un jeu et une raillerie... N'ébranlez pas les bornes éternelles plantées par vos pères qui ont établi les usages de l'Église, non-seulement par leurs écrits, mais par la tradition. »

Toutes ces choses ont été dites aussi bien contre les sectateurs d'une hérésie condamnée par l'Église, que contre ceux qui, ne consultant que leurs propres lumières, condamnaient ce que leurs frères, fidèles aux usages, avaient approuvé. Mais si je n'accuse pas les auteurs des réclamations contre les peintures de saint Vincent de Paul, de partager ou de renouveler sous une autre forme une erreur condamnée par l'Église, je constate au moins le danger d'interpréter, selon son propre sentiment, des images autorisées par les traditions.

De tout temps, les images ont été l'objet de résistances, parce que, de tout temps, il y eut des esprits insensibles au langage de l'art; mais, malgré la crainte d'un culte de latrie qu'offrait à l'ignorance l'exposition des images, les Pères, non-seulement n'ont jamais hésité à les autoriser, mais ils ont instamment recommandé de couvrir les murs des églises d'un récit coloré qui, semblable à un livre constamment ouvert et accessible à tous, enseignait ou rappelait, par un procédé saisissant, les œuvres du Créateur, les actes de ceux qu'il aimait, l'histoire des vertus, des fautes, des pardons, récompensées, encourues ou méritées. La peinture, puissant auxiliaire de la parole qui descendait de la chaire, concourait à frapper les esprits. L'image qu'elle offrait aux regards n'était pas davantage un sujet de scandale que ne l'était le récit lui-même, inscrit dans les livres saints où l'interprète sacré puisait ses enseignements.

Indépendamment de l'exemple qu'offrait le temple élevé par Salomon, selon la volonté du Seigneur, et dont toutes les murailles étaient ornées de moulures, de sculptures représentant des chérubins et des palmes en relief et de peintures qui semblaient se détacher de leur fond et sortir de la muraille, l'instinct naturel de l'homme pour embellir ce qu'il honore, devait lui faire emprunter aux matières les plus précieuses, aux arts les plus ingénieux, les éléments d'une splendeur digne de la maison de Dieu.

Aussi, quelles que fussent leurs croyances, les peuples, dès leur origine, prodiguaient les ornements dont ils pouvaient disposer pour décorer les lieux vénérés.

A défaut des récits si souvent effacés ou altérés par le temps, les débris des monuments élevés par les hommes en Assyrie, en Égypte et dans la Grèce antique, attestent cet usage qui, ordonné par Dieu lui-même au peuple qu'il avait choisi, dut être respecté par les premiers chrétiens.

§ II

Les plus anciens documents sur l'emploi de la peinture dans les lieux consacrés au culte du Seigneur par les chrétiens datent du IIe siècle. Dans la catacombe de Sainte-Priscille, qui appartient à cette époque, sont représentés : le prophète Élie, montant au ciel sur un quadrige; l'histoire de Jonas; l'image du bon Pasteur. Dans celles de Saint-Calixte et de Saint-Saturnin, au siècle suivant : les portraits de ces grandes dames romaines qui recueillaient pieusement le sang et les corps des martyrs et leur donnaient asile dans ces temples cachés sous la terre; le bon Pasteur; les restes d'une peinture représentant probablement une assemblée de docteurs ou de fidèles écoutant de pieux enseignements. Dans celles de Saint-Marcellin, du Crucifix et de Saint-Laurent, du IVe au Ve siècle, Adam et Ève, près de l'arbre de la science du bien et du mal, source d'un intérêt inépuisable et d'une précieuse instruction. Il est inutile de multiplier ces citations, qui seraient innombrables dans les siècles où naquirent les premières traditions de l'Église.

Mais si les catacombes, ainsi décorées, n'étaient pas à proprement parler des églises, celles qui furent consacrées au Seigneur par l'empereur Constantin, à Bysance, furent ornées par lui d'un nombre infini de peintures, de statues, de bas-reliefs représentant : Jésus-Christ, la Vierge, les prophètes, les apôtres. Grégoire de Tours, en France, couvrait, au VIe siècle, par des nouvelles peintures les murs de l'église qu'il faisait réparer ; l'église de Saint-Germain l'Auxerrois dut son nom primitif de Saint-Vincent le Doré, à la profusion des dorures, des marbres, des peintures, des mosaïques dont elle était décorée.

A cet usage exclusivement religieux, se joignait la sollicitude pour un art déjà tombé dans la décadence et dont le perfectionnement avait paru digne, dans l'ancienne Grèce, de toute l'attention des législateurs. Un prince de la famille qui régnait sur la France allait consulter à Bysance les maîtres qui devaient le faire progresser dans l'exercice de la peinture, qu'il employait à décorer les lieux saints, et saint Grégoire, dans son naïf orgueil, vantait le mérite des peintres nationaux dont il avait fait choix pour décorer son église. Mais, malgré ces efforts, et malgré ces éloges, le peintre, le sculpteur ne méritèrent bientôt plus la considération dont ils étaient entourés dans l'antiquité, et si, au siècle de Périclès, ils obtenaient de l'État les mêmes honneurs accordés aux magistrats vertueux ou aux plus grands capitaines, ils n'étaient plus au moyen âge que de simples ouvriers, parce que les principes de l'art, obstrués par les jugements capricieux des rhéteurs et les exigences des riches, n'éclairaient plus les artistes, et que dès lors la peinture et la sculpture, indignes de leur noble mission, s'étaient assimilées aux arts les plus ordinaires.

Le second concile de Nicée, assemblé en 787, fournit une preuve de l'asservissement dans lequel étaient tombés les artistes. « Comment, disent les Pères, pourrait-on accuser les peintres d'erreur ? L'artiste n'invente rien : c'est par les antiques traditions qu'on le dirige... sa main ne fait qu'exécuter : il est notoire que l'invention et la composition des tableaux appartiennent aux Pères qui les consacrent ; à proprement parler, ce sont eux qui les font. » Mais il ne faut pas confondre ici les traditions empruntées aux premières productions des peintures religieuses exécutées dans un temps où déjà l'art s'était égaré avec les traditions de l'art. Au VIIIe siècle il était arrivé à sa plus complète décadence, et la servitude traditionnelle dans laquelle il était retenu n'était pas certainement un moyen de lui rendre son antique éclat.

Charlemagne, qui ambitionnait pour son siècle une gloire égale à celle des plus beaux temps de la civilisation, voulut régénérer les arts en même temps que les sciences et les lettres : l'ancienne opinion que les églises devaient être ornées de peintures, lui fit ordonner que toutes les murailles des églises et des monastères fussent couvertes d'images, parce que, suivant le sentiment des docteurs français, les peintures avaient le double objet d'instruire le peuple et d'embellir les monuments. L'une des plus grandes gloires de l'église gallicane au IXe siècle, le docte prélat Jonas, justifiait un peu plus tard cet usage « *ob pulchritudinem et recordationem,* » mais il faut le reconnaître, Charlemagne n'atteignit pas son but, et sa pensée mal comprise n'eut d'autre résultat que de précipiter plus profondément encore dans l'abime un art qui ne peut prospérer que dans les libres épanchements d'une imagination savamment dirigée par l'étude.

Malheureusement il n'en était pas ainsi. « Réparez votre église, hâtez-vous, s'écrivaient les uns aux autres les prélats : vous connaissez les ordres et la fermeté de l'empereur. » L'on obéissait à des ordres, mais l'on n'en comprenait pas la pensée, les églises étaient couvertes de peintures, mais l'art ne s'était pas relevé.

Quoi qu'il en soit, soit que l'on consulte les décisions des conciles, soit que l'on interroge les plus antiques traditions de l'Église, les opinions des docteurs, les volontés d'un chef de l'État, ou seulement, l'histoire de la peinture, on ne peut émettre de doute sur la légitimité de la présence des images dans les églises ni sur leur double utilité.

§ III

Cependant on ne peut nier que les images aient toujours présenté des dangers. Dans les premiers temps de l'établissement de l'Église, les nouveaux adeptes arrachés aux erreurs du paganisme avaient peine à distinguer le caractère des images chrétiennes qui n'étaient qu'une excitation au souvenir des récits des livres saints et des enseignements qu'ils renfermaient, et celui d'une matière façonnée de main d'homme à laquelle ils avaient autrefois attribué directement une puissance surnaturelle. Pendant les quatre premiers siècles du christianisme, il fut sans doute facile d'éclairer les fidèles sur cette confusion. Mais un esprit ambitieux tenta de l'exploiter en faisant naître une scission qui lui serait profitable ou qui jetterait un éclat sur son nom. Ambition étrange, mais qui sous mille formes se reproduit sans cesse. Vers 485 un esclave fugitif

manichéen, non baptisé, nommé évêque d'Héliopolis par
Pierre le Foulon, hérétique et faux patriarche d'Antioche,
voulut abolir les images dans son église, mais il n'entraîna
personne dans ce sacrilége. Cent ans après environ, Sérénus, évêque de Marseille, mal conseillé par un excès de
zèle, abattit les images dans son diocèse ; mais, ainsi qu'on
l'a vu plus haut, saint Grégoire le Grand, en le louant de
ses intentions, en blâma le dérèglement, et lui ordonna de
rétablir les images en instruisant son peuple de l'usage
qu'il en devait faire. Enfin dans l'année 727, l'empereur
Léon, ébranlé par les doctrines de Mahomet, et soutenu
dans son erreur par un chrétien apostat, devint le promo-
teur de la secte des iconoclastes malgré les efforts de
saint Germain de Constantinople. Mais l'utilité des images
ne fut pas ébranlée, et l'Église sut toujours conjurer un
danger qui ne pouvait égarer les fidèles sagement ensei-
gnés sur l'usage qu'ils en devaient faire. Un péril plus
grand peut-être, parce qu'il portait le trouble et l'incertitude dans les esprits, naquit de l'usage des peintures allégoriques qui bientôt dépassèrent toutes les bornes des
commentaires permis sur les textes sacrés.

On substitua à la représentation en quelque sorte littérale des faits inscrits dans les livres saints des interprétations confuses et capricieuses qui n'avaient d'autres limites
que l'épuisement de l'imagination. La peinture employée
à la manifestation sensible de pensées mystiques, fut con-
trainte à donner corps aux plus étranges monstruosités,
à des énigmes qui sont aujourd'hui aussi inexplicables
qu'elles étaient autrefois sans doute inaccessibles à la
généralité des fidèles. Mais il ne faut accuser de ces exagé-
rations ni la peinture ni les artistes, parce que l'art et

ceux qui le cultivaient, descendus de leur rang, n'étaient plus entre les mains des Pères que de serviles instruments de pensées auxquelles ils étaient étrangers.

Cependant il faut reconnaître, pour en tirer une leçon profitable, que l'abus que l'on fit par la suite des allégories dans les œuvres de l'art eut sans doute son origine dans l'indépendance peut-être trop absolue que conservèrent d'abord les artistes qui, nouvellement arrachés aux croyances païennes, ne pouvaient tout d'un coup se soustraire à l'influence des modèles où ils avaient puisé les leçons de leur art. En effet dans les premiers siècles du christianisme, le génie qui avait animé la peinture dans l'ancienne Grèce, n'était pas entièrement effacé « et la verve poétique de leurs prédécesseurs reparaissait encore dans les œuvres chrétiennes. »

Pour mieux exprimer la divinité de Jésus-Christ, les artistes le représentaient sous les traits d'un adolescent doué d'une grâce et d'une beauté immortelle, foulant de ses pieds nus le lion et le dragon ; pour honorer et faire comprendre sa mission, ils inventaient le doux emblème du Bon Pasteur en le peignant sous les traits d'un jeune berger imberbe, d'une taille et d'une tournure élégante, entouré de nombreux troupeaux, ou portant sur ses épaules la brebis égarée ; ces images ingénieuses et pleines de charme éclairaient agréablement et pénétraient sans danger les esprits simples des fidèles, mais elles ouvraient la voie à la fantaisie, et la représentation du Christ sous les traits d'Orphée entouré d'animaux féroces qu'il charmait par la douceur de ses accents, tout en révélant sa mission, rappelait trop vivement peut-être des souvenirs qui n'étaient pas complétement effacés. D'autres fois encore, empruntant à l'histoire des prophètes le motif de leurs rapproche-ments entre la Bible et l'Évangile, ils peignaient Jésus-Christ sous l'image de Daniel entièrement nu, pour exprimer qu'il était sans défense parmi les lions dont la férocité était désarmée par sa grâce ravissante, ou sous celle de Jonas dévoré par une baleine qui le rejeta sur la rive au bout de trois jours; interprétant ainsi sa mort et sa résur-rection. Souvent aussi l'agneau devient l'emblème du sacrifice du Sauveur; un agneau d'une blancheur éclatante expire au pied de la croix qu'il arrose de son sang. Pour exprimer ses miracles et sa puissance surnaturelle, il est représenté comme un jeune homme d'une grande beauté, sans barbe et la main armée d'un sceptre ou d'une baguette dont il touche le paralytique ou le Lazare. On entrevoit déjà qu'en s'écartant de la réalité, on devait succomber prompt-ement aux séductions de la fantaisie et enfanter bientôt des erreurs ou des obscurités qui provoqueront des con-troverses dont l'excessive ardeur devient presque toujours fatale à la vérité ou tout au moins au bon sens.

En effet, l'instinct naturel des hommes qui les porte à aimer ce qui est doué de beauté, avait inspiré aux artistes la pensée de revêtir la divinité du Sauveur de tous les dons de la jeunesse, de la grâce et de la dignité, mais des esprits ascétiques, c'est-à-dire austères à l'excès, ne voyant dans le Christ que l'humilité de sa naissance et les douleurs de sa passion, soutinrent que sa divinité serait mieux exprimée par l'extrême laideur, l'amaigrissement, la tristesse, la vieillesse prématurée, et que les traces des fatigues, des persécutions, des souffrances endurées pour le salut des hommes, seraient un spectacle plus touchant ou plus con-forme à l'idée qu'on se faisait de lui, et dès lors des disputes s'élevèrent sur le choix que l'on devait faire entre deux modes diamétralement opposés de la représentation du Sauveur.

Ainsi, pendant que les premiers artistes, obéissant au sentiment natif qui attribue à la divinité toutes les perfections sensibles que l'esprit humain peut concevoir, avaient doté le Christ d'une beauté ineffable, saint Justin au contraire, se fondant sur l'état d'humiliation sous lequel il s'était montré aux hommes, croyait qu'il avait dû revêtir des formes abjectes. Un philosophe épicurien défenseur du paganisme s'empara de cette opinion en disant : Jésus n'était pas beau ! donc il n'était pas Dieu. » Saint Clément d'Alexandrie adopta le sentiment de saint Justin, et Tertullien, disait au contraire : « Si Jésus était laid aux yeux des hommes, si ses traits étaient grossiers et vils, je reconnais en lui mon Dieu. » Origène adopta un parti moyen : selon lui, la beauté du Christ était incomplète, mais l'expression de son visage était noble et céleste.

§ IV

L'art à cette époque, nous l'avons déjà dit, avait oublié les anciennes traditions. Grossier, barbare, ignorant, il avait perdu tous ses titres à la considération dont il avait joui autrefois. Il ne fut plus dès lors qu'un procédé graphique pour exposer au moyen d'un alphabet de convention, non plus les images réelles des personnages saints ni celles de leurs actions, mais un récit exprimé par un rapprochement symbolique et mystérieux de formes à peine semblables à celles dont le Créateur avait revêtu ses œuvres.

Les prélats s'emparèrent donc sans scrupule d'un art qui réellement n'existait plus, et les intentions généreuses de Charlemagne n'aboutirent qu'à multiplier sur les murs sacrés des églises des images dont le goût perverti du temps ne permettait pas d'apercevoir la barbarie. Plus les ordres de l'Empereur étaient impérieux, plus les peintures étaient ignorantes; car, pour éviter les reproches des commissaires impériaux chargés d'en surveiller l'exécution, on recourait aux mains les plus étrangères à l'art et souvent, à défaut des rares artistes que les prélats les plus riches faisaient venir de l'étranger, on reproduisait à l'infini, au moyen de cartons décalqués, des œuvres déjà médiocres et bientôt honteusement déformées par des répétitions successives de plus en plus ignorantes. Cela devait être ainsi, parce que, de même que les images sacrées, les artistes ne s'improvisent pas au gré des puissants.

D'autre part, les prélats s'étaient faits les maîtres suprêmes de l'art; mais si ingénieuses, si irréprochables qu'eussent pu être leurs conceptions, ces prélats étrangers à des principes qui font de l'art une somptueuse manifestation de la vénération des hommes envers le Créateur, ces conceptions cessaient d'en être dignes lorsqu'elles déshonoraient par une exécution repoussante les charmes dont il avait embelli ses œuvres.

En effet, parmi les différents genres de peinture, plus que toute autre la peinture destinée à concourir à la splendeur des saints édifices et à seconder la parole de l'enseignement religieux doit revêtir un noble caractère, choisir prudemment ses sujets en consultant les traditions, éviter les erreurs d'une interprétation capricieuse des textes et s'abstenir de la liberté accordée aux artistes dans les temps profanes.

> . . . . Pictoribus atque poetis
> Quidlibet audendi semper fuit æqua potestas

était une maxime dont les premiers artistes chrétiens, sous l'influence encore vive de l'antiquité, avaient subi la séduction. Mais elle ne devait pas être invoquée par les prélats lorsqu'ils soumirent la peinture destinée à la manifestation des vérités nouvelles à leur direction absolue.

Peut-être les premiers artistes se crurent-ils autorisés à poétiser leurs œuvres par l'exemple de la forme parabolique que le Christ donnait à ses instructions lorsqu'ils reproduisirent les tableaux du Bon Pasteur et par extension celui de Jonas, mais ils dépassaient les limites des excuses dont on serait tenté de les couvrir, en exposant aux yeux des nouveaux adeptes de l'Evangile l'ingénieuse composition d'Orphée ou l'amplification hasardée qui représentait le Christ sous les traits de Daniel.

Ce fut sans doute alors pour éviter les erreurs que commettaient des artistes nouvellement convertis que les prélats s'emparèrent de la composition des sujets des peintures destinées à l'ornementation des églises et à l'édification des fidèles.

Mais il ne semble pas qu'ils aient eux-mêmes évité le séduisant danger des fictions, si, comme semble l'indiquer la lettre qu'ils adressèrent au concile de Nicée en 787, ils crurent devoir se défendre contre les erreurs que l'on reprochait aux images que seuls ils composaient « selon les traditions consacrées par le temps. » En effet, en invoquant cette excuse, ils faisaient certainement allusion à la poétisation des textes ou à une interprétation symbolique dont l'exactitude pouvait être contestée, et non pas à leur transmission littérale, qui, dans ce cas, ne pouvait être le sujet d'erreurs ou le motif d'incriminations.

Cependant il ne faudrait pas, sur une simple induction, affirmer que toutes les peintures religieuses étaient allégoriques et que ce caractère était impérieusement imposé par les usages, car on pourrait opposer le récit de Grégoire de Tours qui se rapporte aux peintures que la veuve de saint Namatius, évêque de Clermont en Auvergne et successeur de saint Rustique, faisait exécuter dans l'église de Saint-Étienne hors les murs. L'historien raconte qu'elle dictait aux artistes les histoires qu'ils devaient traduire sur les murs, et il s'exprime en ces termes : « . . . *Quam cum fucis colorum adornare vellet, tenebat librum in sinu suo, legens historias actionis antiquas pictoribus, indicans quæ in parietibus fingere deberent.* » Il est au moins probable que, dans cette circonstance, l'épouse d'un évêque suivait ou les instructions du prélat décédé ou les usages suivis dans le diocèse qu'il avait administré, et que les images exécutées sous sa dictée étaient une translation conforme aux textes qu'elle lisait aux artistes.

Quoi qu'il en soit, il n'en est pas moins vrai que l'emploi de l'allégorie était encore généralement répandu, qu'il s'autorisait des exemples remontant au iie siècle et qu'il n'avait pas cessé, puisque longtemps après l'exécution des peintures de saint Étienne, vers la fin du ve siècle, le concile quinisexte, assemblé en 692, crut devoir inviter les prélats à préférer la représentation réelle à l'allégorie trop généralement adoptée.

L'intervention des membres du clergé dans la direction

des œuvres de la peinture religieuse est suffisamment constatée par les renseignements que fournit la défense des prélats au concile de Nicée, et cette constatation suffit, quant à présent, pour justifier l'usage des images dans les églises.

Maintenant il convient de rechercher les conséquences qui résultèrent de cette direction pour la peinture religieuse et pour l'art lui-même.

§ V

Ces conséquences ont été doublement fatales. On a vu plus haut que les premiers peintres chrétiens n'avaient hérité que d'un art déjà altéré, mais qu'ils avaient gardé au moins le vague souvenir de leurs illustres devanciers. Les peintures des catacombes chrétiennes et des tombeaux païens confondues dans un même caractère sous le rapport de l'art conservaient cependant encore une étincelle à laquelle les directeurs des artistes auraient pu rallumer le flambeau qui longtemps avait éclairé le génie des anciens décorateurs des temples consacrés à l'erreur. Mais, sans doute, ces directeurs des peintres religieux avaient eux-mêmes perdu le sentiment de la beauté et méconnu l'influence qu'elle avait exercée sur l'esprit de l'humanité. Il leur importait donc peu que les images destinées à fixer dans la mémoire des fidèles le récit des faits qui avaient amené et constaté l'établissement d'un culte de vérité fussent plus ou moins séduisantes, oubliant ainsi que la négligence ou la grossièreté du langage sont presque toujours des obstacles à la persuasion. Ainsi donc en même temps qu'ils reconnaissaient le secours qu'apporte aux textes ou au récit oral la figuration des faits et des enseignements, ils négligeaient les éléments de l'attraction d'un art qui en invitant par son charme l'esprit à la contemplation fixe longtemps la pensée sur une image instructive. Puis encore, en substituant des énigmes à la simple représentation des faits, ils jetaient le trouble dans les esprits qu'ils entraînaient ainsi à la recherche d'un sens caché, qui, mal interprété, conduisait à l'erreur ou seulement à la confusion de la fiction avec la vérité.

Ils ignoraient que la peinture est un miroir qui ne peut être façonné que par ceux qui, se livrant à une observation incessante des objets offerts aux regards, fixent au moyen de matières durables et réalisent les images fugitives que fait naître dans l'esprit l'audition d'un récit.

Ils n'avaient pas compris que les éléments du langage traducteur de la forme étaient puisés dans la forme elle-même des objets naturels, et que si, dans un récit, le rapprochement des objets rappelait ou faisait naître l'image d'une pensée, cette image reproduite par l'art ne pouvait être fidèle, et conséquemment utile, qu'en empruntant à ces objets la forme appropriée à leur destination. Ainsi donc ceux-là seuls qui, par une observation attentive et par des études spéciales, avaient compris le langage de l'art, étaient seuls aptes à s'en servir et à connaître l'étendue et les limites de ses ressources, et ces ressources, calquées sur l'enveloppe de toutes les choses d'où naissent les pensées, étaient indispensables pour reproduire l'image sous laquelle elles se transmettent aux esprits. Or, quelque simple, complexe ou profonde que soit une pensée, si elle est juste et par conséquent accessible à l'esprit humain, elle peut toujours se traduire soit par la représentation d'une image semblable à celle sous laquelle elle se présente à l'esprit, soit par une succession d'images qui reproduisent son développement. Mais il faut pour cela que l'auteur de la traduction possède les secrets de la langue dans laquelle elle est transportée.

Or, il n'en pouvait être ainsi des images dictées par des personnes étrangères au langage, aux ressources et à l'action de l'art, et tracées par des mains que ne dirigeait plus une expérience jugée inutile et gênante par des directeurs qui ne l'avaient pas acquise. Aussi presque toutes les peintures religieuses antérieures à l'affranchissement si tardif de l'art offrent le triple exemple de l'ignorance des artistes, de ceux qui conduisaient leurs pinceaux et d'une confusion de langage deux fois inextricable par les déguisements des récits et par l'emploi de figures aussi souvent méconnaissables par leur forme que par leur destination.

§ VI

Il n'est pas nécessaire, et il serait d'ailleurs affligeant de multiplier des citations ou des examens des innombrables peintures conservées sur les murs des églises ou reproduites dans des ouvrages qui nous en ont transmis les restes, pour justifier une assertion qu'on invoque ici à regret en faveur d'une cause que l'on regrette plus encore d'être obligé de défendre aujourd'hui. Mais, malheureusement, on ne peut chasser de sa pensée cette pénible remarque, que pendant une longue suite de siècles l'art, qui fut autrefois une des plus éclatantes illustrations de la ci-

vilisation païenne, devint une sorte de honte pour la civilisation chrétienne, lorsqu'au lieu de célébrer les vertus
civiles en leur donnant un corps revêtu des beautés empruntées aux objets naturels, il fut appelé à reproduire les
récits et les enseignements d'une révélation divine par des
métamorphoses aussi insaisissables à l'esprit qu'injurieuses
pour les œuvres du Créateur. L'abjection de la forme, les
stigmates de souffrances, l'amaigrissement du corps, la
laideur préconisée par quelques Pères de l'Église, étaient-
ils donc plus éloquents que la représentation de la forme
que Dieu avait faite à son image, selon la parole de l'Écriture : « *Faciamus hominem ad imaginem nostram ;* » et
cette enveloppe en quelque sorte divine, donnée à l'humanité, ne devait-elle pas mieux rappeler la beauté des vertus
qui devaient l'habiter que l'aspect repoussant d'une forme
avilie?

La chaste beauté de la mère du Sauveur, la grâce inno-
cente de son fils homme et dieu, sa douce et imposante majesté lorsque, mêlé au peuple, il enseignait un mutuel
amour, appelait à lui les enfants, soulageait les douleurs
et promettait d'ineffables récompenses ; sa digne résigna-
tion en présence de ses grossiers insulteurs, son noble sacrifice sur un ignoble gibet que sa mort allait sanctifier,
toutes ces choses, exprimées dans un style élevé comme
elles le sont dans l'Écriture, auraient-elles moins excité
l'adoration, la reconnaissance, la compassion, que les laides
et repoussantes images offertes à la dévotion des fidèles?

Une peinture noblement inspirée, savamment imprè-
gnée des beautés répandues dans les œuvres du Créateur,
n'aurait-elle pas mieux permis de contempler en quelque
sorte, dans sa gloire éternelle, la face éblouissante de Dieu

triomphant, enveloppé dans sa triple unité d'une lumière immense dont les rayons infinis se reflètent sur les justes, qu'une peinture allégorique empruntée tantôt à des combinaisons géométriques (je ne parle pas ici du triangle sacré), tantôt à des figures qui portent avec elles ou la terreur ou le dégoût?

Il ne faut pas craindre de le répéter sous des formes différentes, parce qu'on l'a oublié trop souvent pendant le moyen âge et qu'on pourrait encore l'oublier aujourd'hui : lorsque le Créateur a mis dans le cœur de l'homme la sympathie pour la beauté, il a voulu sans doute que nos organes matériels, séduits par la grâce, l'élégance, la presque divinité de l'enveloppe humaine, transmissent à l'esprit, par le moyen d'images attachantes, les pensées insensibles à la vue, afin que les vertus, prenant en quelque sorte un corps saisissable, puissent, par deux agents solidaires, le charme du récit et la séduction de l'image, pénétrer nos âmes d'un chaste et bienfaisant attrait vers les choses et les idées que l'on veut faire aimer.

En effet, si, selon les expressions de saint Jean Damascène, « les idées de Dieu sont des images, » il faut les représenter de telle sorte qu'elles inspirent le respect et l'amour, et seul l'art élevé était digne de le faire.

Or, tout en respectant les pieuses intentions des Pères qui dictèrent ou autorisèrent des images ignorantes et parfois repoussantes, il est permis de douter que leur action fût plus grande, quelle que fût la pensée qu'elles devaient reproduire, que celles d'autres images conformes à l'idée native que nous avons de la beauté.

Mais indépendamment du système de l'allégorie, l'ignorance ou le système qui avait répandu la laideur sur les

traits du Christ l'étendit bientôt sur les images de la
Vierge, des patriarches, des prophètes, des apôtres, et ce
qui avait été le résultat d'une opinion controversable prit
le caractère d'un principe qui fit perdre l'habitude des
études indispensables à l'exercice de l'art.

La traduction d'une pensée devint l'unique but de la
peinture, et le dédain absolu pour toute imitation des choses naturelles effaça les entraves qu'elle aurait opposées aux
commentaires et aux interprétations les plus bizarres des
textes. J'ai annoncé que je limiterai les exemples, mais
j'en dois citer quelques-uns.

On représenta la Trinité sous la forme de trois personnes réunies dans le ventre ouvert de la Vierge, ce qui était
en même temps une monstruosité et une indévotion : « *Meâ
sententiâ,* » écrivait Gerson au sujet de ces images, « *nulla
est eis pulchritudo nec devotio, et possunt esse causa
erroris et indevotionis.* » D'autres fois, elle était figurée
par un personnage à trois têtes : « *Monstrum in rerum na-
turâ,* » dit saint Antoine, archevêque de Florence. Le Père,
le Fils et le Saint-Esprit, distingués sous des traits différents, procédaient simultanément à la création. Le Créateur, vêtu en pape, donnait la vie à nos premiers parents.
On traduisit le Verbe de Dieu par un enfant nu recevant
des mains du Père le bourdon et la panetière des pèlerins ;
à la forme que le Fils avait empruntée en descendant sur
la terre « *et homo factus est,* » on substitua un agneau
portant une croix arrosée de son sang pour représenter le
crucifiement. Cette symbolisation, adoptée primitivement
par l'Église et conservée de nos jours, était pieusement
instructive et pénétrait profondément le cœur sans porter
le trouble et l'indécision dans l'esprit ; mais il n'en était pas

de même lorsqu'on représentait Moïse sous l'image de
ce même agneau, recevant les tables de la loi, ou armé
d'une verge dont il touchait le rocher, ou bien encore saint
Jean qui, sous la forme d'un agneau, baptisait un second
agneau sur la tête duquel descendait la très-sainte co-
lombe. D'autres agneaux encore, tenant une baguette, mul-
tipliaient les pains ou ressuscitaient le Lazare. On ne s'arrêta pas encore là : dans cette ardeur de l'allégorie, on
donna à l'agneau sept têtes et sept cornes, pour désigner sa
puissance et les facultés de son intelligence. Le lion, le
poisson, devinrent indistinctement l'image ou le symbole
de Jésus-Christ.

Certainement ces métamorphoses étaient dictées par des
intentions pieuses; mais on conviendra que les esprits qui
les avaient inventées, en s'écartant des lois naturelles,
avaient déjà franchi les limites de l'imagination et porté le
trouble, la confusion et l'erreur dans l'intelligence des
textes. En même temps que l'allégorie avait écarté les principes élémentaires de l'art, elle lui avait ouvert une porte
que je ne franchirai pas avec elle, car il serait imprudent
de signaler les déréglements dont elle a laissé de trop nombreuses traces dans les églises du moyen âge.

§ VII

Le concile quinisexte avait recommandé de préférer la
réalité, c'est-à-dire la représentation fidèle des textes, aux
interprétations qui varient selon les tendances individuelles. Cette sage mesure, si elle avait été respectée, aurait certainement conjuré les écarts des imaginations trop

fécondes et ramené l'art vers une imitation des choses décrites dans l'Écriture. Ni l'intelligence de la forme humaine constamment présente aux regards, ni le sentiment d'un style qui l'ennoblissait ne s'étaient complétement éteints dans l'esprit de quelques artistes au VIIe siècle, et, si les exemples d'un art encore digne sont rares à cette époque, il suffisait qu'il en existât pour éclairer les directeurs des artistes sur les ressources qu'ils auraient rencontrées pour embellir les églises et donner un attrait aux enseignements qu'ils y professaient.

En effet, on peut consulter encore aujourd'hui, sur un mur qui appartient à la fondation de l'abbaye de Jumiége, c'est-à-dire au VIIe siècle, les restes d'une peinture qui semblerait avoir été tracée par un élève plusieurs fois centenaire de l'antique école de la Grèce. Mais les entraînements vers les conceptions fantastiques, ou seulement le mépris de l'art qui en avait été la conséquence, avaient sans doute effacé l'entraînement vers la beauté, car deux peintures ignorantes, superposées l'une au XIIIe siècle et l'autre au XIVe, témoignent le peu d'influence des productions d'un art encore élevé.

Si donc dans ces âges, tellement reculés qu'ils échappent à notre vue, il y avait encore quelques artistes, — car on ne peut supposer que l'auteur de la peinture de Jumiége fût absolument le seul, — qui eussent conservé une dernière étincelle du génie de leurs antiques maîtres, la réalité dans les sujets qu'ils avaient à traiter aurait ramené avec elle la réalité dans les formes, et l'élévation du langage que l'art devait traduire aurait également inspiré l'élévation de la forme qui lui servait d'expression. L'art ainsi ennobli eût été vraiment éloquent, parce que le sentiment du beau, également étendu sur tout ce qui dans un sujet concourt à la satisfaction, sollicite l'intelligence et amène la bienfaisante persuasion.

Telle fut cependant toujours la force de l'art que, même au temps de son ignorance, il sut dans l'emploi de son grossier langage trouver encore le secret d'émouvoir et de pénétrer le cœur par des spectacles imposants.

Les mosaïques du moyen âge en fournissent de nombreux exemples. L'art avili, perdu, méprisé, comme on méprise un esclave, avait parfois rencontré le mobile des impressions profondes qu'il impose à l'esprit humain, dans ces conceptions somptueuses qui, suspendues aux voûtes des édifices religieux, semblaient ouvrir un ciel d'or, d'où le Dieu de lumière, entouré de ses trônes, de ses dominations, de ses anges et de ses élus, sondait de son immobile regard les plus secrètes pensées des cœurs. Sans doute ces cohortes immenses, rayons de l'Éternel, n'étaient pas revêtues de formes séduisantes ou seulement acceptables sous le rapport de la beauté plastique, mais elles étaient empreintes d'une grandeur sauvage dont on ne pouvait éviter l'influence, et, malgré leur aspect barbare, ces compositions saisissantes étaient encore une expression de l'art que l'antiquité n'avait pas entrevue.

§ VIII

Il n'est pas nécessaire de suivre tous les détours des voies que l'art a parcourues pour arriver jusqu'à nous. Il suffira de remarquer qu'à mesure que la civilisation chrétienne progressait l'art secouait ses chaînes et les artistes reconquéraient, en même temps que leur nom, le rang qu'ils avaient autrefois occupé.

Dès le commencement du XIIᵉ siècle ils signèrent leurs ouvrages. C'était également une preuve de leur affranchissement et de leur responsabilité, et leurs progrès s'épurant successivement dans la liberté préparèrent l'avénement des prédécesseurs et des maîtres de Michel-Ange et de Raphaël. Les Écritures eurent alors de dignes interprètes et les lieux sacrés une splendeur qu'ils avaient en vain demandée à un art avili. Enfin, les successeurs de saint Pierre, conservateurs éclairés des décisions des conciles et des traditions de l'Église, couvrirent comme d'un splendide voile, ainsi que Dieu l'avait ordonné pour son temple, les murs de la sainte basilique du monde chrétien, les palais qui leur servaient de demeure, les asiles de la vie consacrée au Seigneur, et, plus heureux que Charlemagne, ils virent les églises, les couvents et tous les lieux de prières rappeler, dans un langage accessible à toutes les nations et à tous les temps, parce qu'il était enfin digne de son emploi, l'histoire des œuvres de Dieu, de son divin Fils, des apôtres, des martyrs et des élus.

La création de nos premiers parents, leurs rapports avec Dieu, leur désobéissance, leur punition, les nouvelles fautes de leurs enfants, le châtiment du déluge, les actes d'alliance du Créateur et de la créature, l'histoire du peuple choisi par le Seigneur, les établissements successifs du culte rendu au Père tout-puissant, au divin Rédempteur, à l'Esprit-Saint, unis dans la très-Sainte-Trinité, enfin toutes les prémices de la fondation de l'Église, tous les actes, tous les enseignements de la Bible et de l'Évangile, et les preuves solidaires de la divinité de la révélation de ces livres sacrés, noblement exprimés dans les pages saisissantes qui se déroulaient sur les murs bénis de la ville éternelle, appelaient dans les cœurs de profitables émotions, et la parole du prêtre, dignement secondée par ces exemples en quelque sorte vivants, pénétrait profondément les esprits de la vénération pour le suprême Créateur, pour son Fils, pour l'Esprit-Saint, et rendait plus sensibles les enseignements d'une morale qui apportait la paix sur la terre aux hommes de bonne volonté et dans le Ciel des récompenses ineffables.

Cette parole salutaire que vivifiait le terrible tableau, où le juge suprême, placé entre le ciel et la terre, séparait les bons et les méchants, révélait aux fidèles les saints bénéfices de la foi, de l'espérance et de la charité, et à ceux qui avaient jusque-là fermé les yeux et les oreilles, le châtiment d'un Dieu plus fort que l'humanité.

Qu'il soit faible ou qu'il soit puissant, on ne peut nier le langage de l'art. En effet, si l'art, alors qu'il était dans l'état d'abaissement auquel l'avait réduit l'abandon de tous les principes et l'incurie de ceux qui dirigeaient les artistes, n'avait pas perdu son action, c'est que les témoignages qui arrivent au cœur par les yeux ont une puissance que la parole envie, et que souvent, semblable à la persuasive parabole, comme elle l'image peinte agit plus efficacement encore sur les esprits que la description, la logique, la grâce ou l'énergie de la parole. Une idée ne pénètre jamais dans l'esprit que sous la forme d'une image, mais cette image est fictive et confuse, et son action dépend plus encore du degré d'intelligence de celui qui la transmet que de celui qui la reçoit. Bogoris, roi des Bulgares au IXe siècle, avait résisté à toutes les instances de sa sœur pour le convertir à la foi, mais ce que n'avaient pu faire ses discours, Méthodius, peintre romain, le fit en exposant à ses yeux la peinture du jugement dernier.

Combien donc l'art ne dut-il pas acquérir de puissance lorsque, progressivement revêtu de toutes les pompes de son langage, il répandait ses puissantes ressources sur les murs de Saint-François-d'Assise, du cimetière de Pise, de l'église d'Orviéto, de la chapelle Sixtine, des chambres du Vatican, des loges, et de tous les lieux saints où il avait transcrit les livres de notre foi?

Mais qu'est-il donc besoin de fouiller le secret et de peser la mesure de l'influence de l'art? A l'exception de quelques rares esprits malheureusement déshérités de la perception de l'art, tous les hommes en ressentent les effets à l'aspect saisissant de la majestueuse beauté du Seigneur, de la grâce virginale de sa Mère, de la béatitude dont s'empreint la face du Juste, de la conviction profonde, de la ferveur des prières si fidèlement exprimées par des maîtres dont les œuvres furent l'aurore du grand jour où l'art, enfin arrivé au sommet de sa gloire, revêtit de toutes les perfections extérieures l'expression des mouvements les plus intimes de l'âme.

Toutes ces merveilles de l'art sont encore sous nos yeux, et telle est leur action que non-seulement on est touché des vérités immuables qu'elles expriment, mais que, miroir fidèle d'images loin de nous, elles nous pénètrent des caractères différents qu'ont revêtus, selon les époques, les sentiments généraux de l'humanité. Ainsi, contemporain tour à tour des maîtres primitifs, de leurs élèves progressifs, enfin des princes de l'art, chacun, par une fiction instinctive, sent naître dans son cœur la croyance naïve du XIIe et du XIIIe siècles, celle qui s'exprimait par de gracieux hommages au Créateur au xive, celle enfin qui, pénétrée de la majestueuse grandeur du Tout-Puissant, la reproduisait, au xve et au xvie, revêtue de l'énergique et noble splendeur des récits renfermés dans les saintes Écritures.

C'est donc avec juste raison que les infaillibles vicaires de Jésus-Christ ont sanctionné l'usage des peintures religieuses et brisé les chaînes qui les retenaient dans un funeste esclavage, et si nous accueillons aujourd'hui avec reconnaissance les bienfaits d'une administration qui veut que la ville régénérée par ses soins brille d'un éclat semblable à celui qui appelle le pèlerinage du monde dans la ville éternelle, nous devons signaler les entraves qui bientôt seraient des obstacles à la réalisation de ses heureux projets.

§ IX

Certainement on ne veut pas condamner aujourd'hui la présence de la peinture religieuse dans la maison du Seigneur, mais on serait tenté de croire que quelques-uns ne l'acceptent que comme un embellissement adopté par une mode surannée, et non comme un langage qu'ils jugent inutile parce qu'ils en ont perdu l'intelligence. On supporte l'éclat de son or et de ses couleurs dans l'intérieur des églises comme on supporterait les tentures destinées à couvrir la nudité des murs aux jours de grandes fêtes, et si quelques esprits supérieurs découvrent encore dans ses œuvres le bénéfice de l'enseignement des révélations divines, on l'enferme dans l'intérieur du temple comme si ce bénéfice était exclusivement réservé à ceux qui y ont déjà pénétré.

Cependant, par une contradiction inexplicable, on n'hésite pas à couvrir les parois, les frontons extérieurs des églises par des récits figurés en relief sur la pierre, à couronner les murs par les images sculptées des apôtres; mais il n'en est pas de même des œuvres de la peinture et tous les prétextes sont bons pour écarter un progrès qui n'est réellement qu'un retour vers un principe légué, non pas seulement par l'enfance, mais par les plus beaux temps de l'art. Ninive, Babylone, l'Égypte tout entière, ont fourni des exemples ennoblis par la Grèce qui leur avait emprunté l'usage de la décoration extérieure, et ce n'est qu'à la fragilité des matières mises en œuvre qu'il faut attribuer la disparition presque totale des documents que pourraient invoquer les régénérateurs de la décoration extérieure des monuments pour combattre les oppositions persistantes des adversaires d'un usage ou plutôt d'un principe échappé à leurs observations trop légères.

Mais aujourd'hui que des recherches minutieusement et patiemment suivies ont permis de rendre, dans des restaurations savantes, aux monuments mutilés leur antique et complète splendeur, qu'une découverte contemporaine, renouvelée des peintres assyriens et enrichie de tous les progrès des arts du dessin, permet d'assurer la durée des œuvres de la peinture, l'opposition s'est armée de nouveaux arguments.

« Nos yeux ne sont pas habitués, a-t-on dit, à la coloration extérieure des monuments; cet usage est attesté seulement dans l'antiquité par des restaurations dont l'habileté n'exclut pas le doute et par des récits incomplets, et nous ne considérons les exemples des peintures extérieures sur les murs ou dans les récits des actes du moyen âge que comme un souvenir de faits exceptionnels et d'imitation maladroite pendant des périodes d'ignorance et de barbarie.

» Les mosaïques extérieures dont l'Italie offre quelques traces, à la rigueur estimables, ne sont non plus que des raretés qui trouvent leur excuse dans l'emploi d'un moyen impraticable aujourd'hui, et les fresques presque entièrement effacées constatent la superfluité d'un principe dont l'application s'efface avec le temps.

» Quant à l'exemple qu'offrent en ce moment les peintures de Saint-Vincent-de-Paul, l'emploi du procédé mis en œuvre semble imposer à l'artiste des études spéciales et des obligations qui, sans doute, entraveraient l'expansion des qualités habituelles de l'art et la libre expression du style le mieux approprié à la peinture monumentale.

» D'autre part, la présence des sujets historiques sur la face nue d'un monument entraine la coloration de toutes les parties avoisinant les peintures, et l'art d'en fixer les limites nous est complétement inconnu.

» Ainsi, quelque puisse être l'excellence d'un procédé sous lequel la peinture extérieure serait désormais abritée, le principe qui en autoriserait l'emploi n'est pas suffisamment justifié. On peut le regretter d'autant moins qu'aux considérations présentes viennent s'ajouter, à propos de cet exemple, les réclamations embarrassantes du clergé sur le choix de quelques-uns des sujets. »

C'est à propos de ce dernier motif dont la valeur est certainement contestable, puisque les sujets condamnés trouveraient, dit-on, un asile dans l'intérieur d'une église, que se sont réveillés les arguments contraires à l'adoption en France ou au moins à Paris du principe de la décoration extérieure, précédemment admis, je le répète, par l'administration, sur les avis favorables de la commission des beaux-arts.

Certainement l'esprit humain n'est pas infaillible, mais ce n'était pas à la commission des beaux-arts de donner un exemple de l'incertitude des jugements dans les questions de l'art; et c'est pourtant ce qu'elle a fait en conseillant de faire disparaître la décoration extérieure du porche de Saint-Vincent-de-Paul, après avoir félicité l'auteur du succès de son entreprise, réserve faite cependant de quelques restrictions devenues utiles plus tard pour justifier une décision rétroactive. Mais, quoique lésé dans cette affaire, je négligerai volontiers une défense personnelle pour ne m'occuper que des questions générales qui touchent à des intérêts généraux.

L'étrangeté des considérations invoquées à l'appui de la destruction des peintures extérieures du porche de Saint-Vincent-de-Paul deviendra plus frappante encore, si l'on consulte les causes qui déterminèrent l'administration de la ville à les faire exécuter.

CHAPITRE II

§ Ier

Tout le monde déplorait non-seulement les altérations rapides des œuvres murales, mais la fragilité des chefs-d'œuvre qui, par leur mérite, étaient dignes de passer à la postérité la plus reculée. Subissant une loi rigoureuse, les peintures contemporaines des admirables travaux des sculpteurs de la Grèce avaient complétement disparu, et l'on prévoyait la perte totale, dans un temps rapproché, des exemples que nous avaient laissés les illustres maîtres de la renaissance de l'art. Quant aux œuvres de notre temps, on savait que chaque année, chaque jour y laissent la trace de leur passage ennemi.

Dans l'année 1827, deux hommes laborieux, voulant assurer aux œuvres de la grande peinture la fixité dont jouissaient les petits tableaux en émail, trouvèrent le moyen d'étendre les surfaces jusqu'alors limitées des plaques de métal émaillé ou de carreaux de faïence et de porcelaine. Ils substituèrent à ces subjectiles incomplets des tables de lave débitée dans des blocs à l'aide du sciage, et ils les recouvrirent d'un émail qui, participant des qualités des émaux tendres et des couvertes de la porcelaine dure, permettait d'obtenir aux feux de recuisson le développement simultané de toutes les couleurs vitrifiables dont les éléments s'excluaient dans leur application sur l'un ou l'autre de ces émaux de fond. M. Mortelèque trouva le premier la peinture en émail sur lave et, après avoir assuré le succès de son entreprise dans quelques ouvrages de moyenne dimension, il abandonna à M. Hachette, son élève, son collaborateur et son gendre, le soin d'augmenter les surfaces des tables de lave, de perfectionner les émaux, d'enrichir une palette déjà plus abondante que celle des peintres à la fresque ou à l'huile et de régulariser les feux de recuisson. C'était certainement une immense conquête faite au profit de l'art, et si l'on est étonné de l'insouciance avec laquelle elle fut accueillie, c'est qu'on oublie le sort de la plupart des progrès profitables. Cependant cette indifférence ne fut pas générale et quelques esprits sages comprirent le secours que la peinture sur lave offrait à la peinture et, parmi eux, l'architecte de Saint-Vincent-de-Paul, qui s'occupait alors de ses savantes recherches sur la polychromie des monuments dans l'antiquité. Ce dernier conçut le projet d'en donner un exemple intéressant à deux titres en décorant de peintures extérieures le porche de Saint-Vincent-de-Paul, que pouvait désormais abriter une matière indélébile.

La nature du procédé dont il provoquait la mise en œuvre effaçait le dernier argument des adversaires de la coloration extérieure, c'est-à-dire la fragilité d'une coloration exposée aux atteintes pernicieuses d'un climat destructeur. Mais la peinture en émail sur lave ne faisait encore que des promesses ; les preuves en étaient rares, et leurs dimensions restreintes autorisaient à douter qu'elles pussent être réalisées. D'ailleurs, les inventeurs trop modestes et trop timides ne produisaient que des œuvres plutôt industrielles qu'artistiques qui ne pouvaient avoir un grand poids sur des esprits prévenus ; mais, pendant les luttes très-vives qui s'étaient élevées sur la valeur d'un système que les uns considéraient comme un principe généralement adopté dans les beaux temps de l'art et les autres comme un caprice exceptionnel qui accusait l'approche d'une décadence prochaine, le hasard me conduisit chez M. Hachette, où la vue de quelques peintures décoratives m'engagea à faire l'essai d'un procédé qui me semblait devoir ouvrir une nouvelle voie à l'art.

C'était en 1844. L'épreuve ayant réussi, fut mise sous les yeux du préfet de la Seine, qui décida qu'une peinture importante me serait commandée. M. Hittorf me proposa alors d'entreprendre l'exécution d'une immense décoration conçue autant pour fournir un exemple du principe qu'il avait savamment retrouvé, et qu'il soutenait ardemment, que pour faire une application concluante d'un procédé qui avait mérité sa confiance.

Mais les peintures projetées s'étendaient sur une superficie de près de deux cents mètres, et l'on comprend que l'administration ne voulut pas s'engager dans une entreprise aussi considérable avant de s'assurer par une épreuve d'une certaine étendue des ressources à peine connues de la peinture en émail sur lave.

Ce fut donc à titre d'essai que je reçus la commande du tableau de la Trinité, qui devait occuper un espace de quatorze mètres superficiels. Cet ouvrage fut mis en place en 1846, au-dessus de la porte principale du porche de Saint-Vincent-de-Paul.

Après huit ans d'épreuves contre l'action du temps, l'administration, convaincue de l'excellence du procédé, s'était décidée à faire exécuter une seconde partie de cette décoration qui, réunie au tableau précédent, couvrait une surface de près de soixante-dix mètres. La commission des beaux-arts, consultée à ce sujet comme elle l'avait été précédemment, donna son approbation et l'étendit plus tard à l'auteur en conseillant de placer son œuvre au lieu pour lequel elle était destinée.

Exposée pendant quelques mois aux yeux d'un public étranger aux discussions précédemment soulevées à propos de la polychromie des monuments et aux distinctions subtiles des styles et des écoles, elle ne parut pas offenser les regards comme elle avait tardivement blessé ceux des membres de la commission qui subirent l'influence du clergé, mais au contraire, elle fut acceptée avec un empressement qu'on pourrait dire général, comme un nouvel élément de splendeur pour la ville qui se régénère et comme l'heureux avénement d'un procédé profitable à l'art et honorable pour le pays qui l'avait vu naître.

J'ai fait connaître dans ce récit abrégé l'origine de la peinture en émail sur lave et les causes qui amenèrent l'exécution de la décoration du porche de Saint-Vincent-de-Paul ; j'avais précédemment fait entrevoir celles qui provoquèrent sa destruction et j'avais accusé de faiblesse et d'incertitude la commission des beaux-arts ; qu'on me permette maintenant d'examiner de plus près une mesure que je trouve au moins regrettable et de tenter de justifier mes opinions à ce sujet.

§ II

Ainsi donc, dès l'année 1844, le principe de la décoration extérieure était adopté par l'administration de la ville, éclairée par l'approbation de la commission des beaux-arts, et il était confirmé par la commande, également conseillée par la commission, huit ans après, en vue de continuer la coloration du porche de Saint-Vincent-de-Paul.

Mais on est revenu aujourd'hui sur cette double décision, et, pour expliquer ce retour, on invoque des motifs qui, je le crois, ne s'expliquent pas eux-mêmes.

Ces motifs, de nature différente, se sont confusément groupés; ils n'ont pas été mis en ordre ni dans un résumé de discussion, ni dans un rapport régulier. Je pourrai donc me tromper, mais je serai excusable, car, auteur de la décoration de Saint-Vincent-de-Paul, je n'ai jusqu'à présent reçu aucune communication officielle ni du jugement ni des considérations qui l'ont fait disparaître. Une découverte profitable a été rejetée dans l'oubli : pourquoi? On a craint que les artistes ne pussent se familiariser avec un procédé nouveau. Cette crainte cependant devait s'effacer, non-seulement par les assurances sincères de celui qui sept fois en avait fait l'épreuve dans les sept tableaux dont se composait la décoration, mais encore par l'exemple d'un résultat uniforme qui n'accuse certainement ni hésitation dans l'exécution, ni pénurie dans les ressources exigibles par l'art. Quant à la possibilité de traduire une pensée quelconque dans un style quelconque, c'est-à-dire de donner tel ou tel caractère aux compositions ou à leur exécution, on ne saurait comprendre le doute exprimé à ce sujet que si l'auteur avait adopté un système de réserve étroite dans le mouvement, dans la couleur, dans l'expression, dans la forme, dans le modelé, dans l'effet.

Mais sans aborder prématurément la question de préférence que la commission pourrait aujourd'hui accorder à l'un des innombrables caractères qui se confondent sous un nom élastique, le style, il est évident que le procédé de la peinture en émail sur lave n'impose pas plus que les autres l'obligation de faire emploi de toutes ses ressources, et que s'il offre aux coloristes brillants, aux dessinateurs savants et énergiques, tous les moyens d'exprimer leurs pensées, il n'interdit pas aux esprits calmes, réservés ou silencieux, les discrets ménagements.

A-t-on voulu parler de la difficulté pour la main de mettre en œuvre des matières nouvelles? Mais si, pour le besoin de la cause, on voulait attribuer le résultat obtenu à une habileté personnelle, je n'accepterai pas un éloge qui, sous ce rapport, me ferait supérieur à de plus habiles confrères. — Sans doute toute chose nouvelle exige des études, mais pour en donner la mesure dans l'emploi de la peinture en émail sur lave, il me suffira de rappeler que l'exécution du tableau de la Trinité ne fut précédée que d'un seul essai, dont la minime étendue n'aurait certainement pas suffi à fournir les moyens de vaincre des difficultés différentes de celles qu'on rencontre dans l'emploi du procédé habituel.

La nécessité d'étendre la coloration sur les parties qui avoisinent la peinture historique ne pouvait être invoquée que s'il était permis d'accuser la commission, dont la majorité se compose de membres de l'Académie des beaux-arts, de ne l'avoir pas prévue. Elle ne pouvait pas, d'autre part, ignorer les premiers éléments d'une harmonie générale ou les moyens de les mettre en pratique. Or donc, si l'on ne veut pas, avec juste raison, émettre une supposition injurieuse pour des artistes éminents, il faut rayer ce dernier motif de la liste des causes qui ont contribué à la disparition de l'ouvrage et considérer comme une erreur le bruit qui m'en était parvenu.

J'arrive maintenant à la question la plus délicate de mon sujet. Elle se tient modestement d'abord en dehors de l'art, mais elle y rentre bientôt, peut-être à l'insu de ceux qui l'ont soulevée, pour prendre des proportions certainement considérables, puisqu'elle atteint dans sa racine le principe général de la peinture religieuse, qui est certainement d'exprimer une pensée ou d'en grouper plusieurs pour les faire concourir, ainsi que dans un discours, au développement d'un enseignement utile. Le choix de deux, ou peut-être de trois des sujets dont se compose la décoration du porche de Saint-Vincent-de-Paul, a, dit-on, causé un scandale. Je pourrais me contenter de m'abriter sous l'approbation de ces sujets et de leur traduction par la commission des beaux-arts, et surtout par un prêtre qui en faisait partie. Je ne le ferai pas cependant, non pas parce que ce serait à l'administration de la ville et à la commission de se défendre d'une erreur, si erreur il y a, dont ils ont pris la responsabilité en m'imposant leur surveillance et leurs avis, mais parce que, dans cette circonstance, elles ne se sont pas écartées de leur sollicitude habituelle pour les intérêts de l'Église en demandant le conseil d'un membre du clergé.

Cependant si l'on considère l'importance que l'administration a cru devoir accorder à des observations faites par

un nombre très-infime d'individus étrangers à l'art et aux
usages qu'en a faits l'Église, au caractère inquiétant que ces
individus ont donné à leurs réclamations, à la marche qu'ils
ont suivie pour les faire parvenir au préfet ; si l'on considère la gravité des conséquences de l'enquête que ce magistrat s'est trouvé dans l'obligation d'ordonner et la mul-
tiplicité des prétextes invoqués par la commission des
beaux-arts pour pallier la versatilité de ses précédentes
décisions, il faut bien que l'auteur des peintures de Saint-
Vincent-de-Paul, victime d'une exigence que rien ne devait
justifier, décharge sa responsabilité d'avoir à son insu en-
tr'ouvert de nouveau la voie de l'asservissement de l'art et
fournir l'occasion de ramener dans le domaine de la peinture religieuse une direction qui lui fut autrefois si fatale.

Une respectueuse déférence pour un illustre prince de
l'Église a conseillé à l'administration de satisfaire à des dé-
sirs que, par un semblable motif, la commission des beaux-
arts aurait pu se refuser à combattre ; mais on ne demandait
pas d'abord l'enlèvement de la décoration qu'on a demandé
depuis, et la commission a été au delà en conseillant de
faire disparaître les peintures de Saint-Vincent-de-Paul, et
plus au delà encore en cherchant à couvrir cet acte par la
condamnation d'un principe important, la décoration extérieure, et par l'effacement des usages généralement adop-
tés dans l'exercice de l'art.

Moi aussi j'aurais pu me soumettre à une force majeure
si la commission en avait révélé les motifs au public et à
mes confrères, parce que cette révélation m'aurait affranchi de toute responsabilité. L'enlèvement des peintures de
Saint-Vincent-de-Paul eût été une exception provoquée par
des causes étrangères à l'art, chaque conscience en eût été

juge et les principes de l'art n'eussent pas été atteints, méconnus ou sacrifiés pour une cause qui ne s'en souciait pas.

La décoration de Saint-Vincent-de-Paul a disparu et ses fragments, dit-on, dispersés dans l'intérieur d'autres églises, l'auront bientôt fait oublier; mais ce qu'on n'oubliera pas, c'est le succès de la première tentative d'un double pouvoir également absolu, également ambitionné, celui du clergé sur les œuvres religieuses, celui de la commission des beaux-arts sur les artistes leurs confrères, et voilà pourquoi j'évoquerai les principes généraux de l'art, afin que l'art ne souffre pas dans l'avenir des atteintes qu'ils ont reçues pour le besoin d'une cause qui peut-être ne se représentera plus, mais qui certainement laissera de dangereuses traces.

§ III

Il est un principe incontestable qui s'étend à toute chose et qui, par conséquent, doit être suivi dans l'exercice de l'art, c'est qu'un acte, qu'une œuvre quelconque doivent être conformes à leur destination.

Or, le porche de Saint-Vincent-de-Paul avait été conçu pour recevoir une décoration polychrome qui consistait dans la représentation de sujets historiques, et la nature du monument indiquait que ces sujets devaient être pris dans les Écritures sacrées et choisis parmi ceux qui semblaient les plus propres à fournir, à l'entrée d'une église, un embellissement et un enseignement conformes, non-seulement aux surfaces destinées à recevoir la peinture, mais au style architectural et à la destination du monument. « *Ob pulchritudinem et recordationem.* »

Il était donc au moins admissible que la partie extérieure d'une église, qui se présente tout d'abord aux regards, offrit aussi bien aux fidèles pour les raffermir dans la foi, qu'aux indifférents pour les émouvoir, l'image des vérités qui sont la base de notre sainte religion et la preuve de la divinité de sa révélation.

« Des faits que rapportent les livres authentiques, véridiques et divins de l'Ancien Testament, je conclus que la révélation chrétienne, qui s'appuie sur les faits rapportés dans ces livres, est divine, puisqu'elle s'appuie sur des faits surnaturels reconnus pour vrais. » Telle est une des premières instructions inscrites dans le catéchisme approuvé par l'archevêque de Paris en 1835, telle fut autrefois la cause des écrits antérieurs connus le nom de *Concordance de l'Ancien et du Nouveau-Testament*, et tel fut dès lors le motif qui dirigea le choix des sujets représentés sous le porche de Saint-Vincent-de-Paul.

L'emplacement destiné à recevoir ces peintures était éminemment propre à développer cette pensée de concordance invoquée, comme on vient de le voir, comme une preuve incontestable de la révélation divine de notre religion. En effet, le porche se divise en six panneaux parallèles qui sont eux-mêmes divisés en trois zones horizontales, et il laisse au-dessus de la porte principale un espace égal à chacune de ces dernière subdivisions.

Le programme des peintures fut donc de représenter au centre et au sommet l'image de la Très-Sainte Trinité, accompagnée d'un côté par les prophètes qui avaient annoncé les promesses de Dieu, et de l'autre par les évangélistes qui en avaient constaté l'accomplissement. C'était le thème, le programme qu'il s'agissait de développer. Pour atteindre ce but, dans le panneau placé à la gauche du Père on devait représenter sur chacune des trois zones la création de l'homme, sa faute, sa punition ; dans le panneau de droite, c'est-à-dire du côté de Christ, en regard et dans le même ordre, l'avénement du Sauveur accueillant les grands et les petits, son baptème qui efface la tache originelle et enfin la Cène, premier acte de la rédemption.

Là se bornait le travail qui avait été commandé ; mais il était prudent de prévoir le cas où la décoration serait complétée, et l'auteur avait alors cherché les sujets les plus propres à l'exposition de la pensée générale : l'institution définitive de l'Église.

Dans cette prévision, il remplissait deux autres panneaux, en retour d'équerre, par des faits en quelque sorte transitoires qui ont préparé l'établissement des deux lois.

A gauche, et faisant suite au châtiment, les actes de l'alliance de Dieu avec les hommes exprimés par la construction de l'arche de Noé, la visite des trois anges à Abraham, la vision de Jacob à qui le Seigneur a dit : « Et toutes les nations de la terre seront réunis en vous et dans celui qui sortira de vous. »

A droite, et à la suite de la Cène, le Christ au jardin des Oliviers, le portement de croix, la mise au tombeau ; puis enfin, dans les deux derniers panneaux qui font retour sur la face, les fondations des deux lois dont les incidents étaient reproduits dans l'ordre suivant : à gauche, Moïse sauvé des eaux ; le passage de la mer Rouge, et, au-dessus de la porte latérale, Moïse montrant au peuple les tables de la loi, et derrière lui la marche triomphale de l'arche d'alliance précédée par David, comme pour indiquer par ce mouvement que les faits n'étaient pas encore accomplis.

Enfin dans le panneau parallèle à droite, l'élection de Mathias, la Pentecôte, et au-dessus de la porte latérale, saint Pierre couvert des vêtements pontificaux, immobile sur sa chaire désormais éternelle, et bénissant les fidèles qui venaient chercher près de lui les sacrements de l'Église.

Evidemment ce sujet, inspiré par une pensée pieuse et conforme à la place qu'elle devait occuper. n'était pas de nature à faire naître les accusations dont la première partie a été l'objet. L'auteur s'était entouré de tous les renseignements propres à l'éclairer sur son orthodoxie, et les décisions des conciles, des Pères de l'Église et les traditions qui non-seulement autorisaient, mais recommandaient l'usage des peintures religieuses et indiquaient par des exemples antérieurs, sans doute également consultés par l'ecclésiastique spécialement appelé dans le sein de la commission pour donner son avis sur les questions qui concernent la foi, devaient mettre les fidèles en garde contre des interprétations auxquelles un zèle au moins irréfléchi expose des sujets fidèlement reproduits d'après les saintes Écritures.

Certainement, en prononçant du haut de la chaire un blâme contre des sujets littéralement traduits sur les textes authentiques et approuvés par un ministre de l'Église, on avait oublié cette sage parole : « ... Nous ne souffrirons pas qu'il paraisse que nous ayons eu divers sentiments et varié selon le temps.., » et l'on avait méconnu l'autorité de Thomas Waldensis, qui parut avec tant d'éclat au concile de Constance. Ce Père avait écrit pour justifier les images : « *Quod scriptura facit verbis, cur artifex non faciet signis? An magis peccatum circa hanc rem incurrit penicillus quam penna? imago quam littera?* »

La pensée générale de la décoration du porche de Saint-Vincent-de-Paul impliquait nécessairement la représentation du premier acte de Dieu sur la terre, et l'image de la création d'Ève était le complément de la création de l'humanité. En exprimant ce sujet, l'auteur avait-il, par une interprétation coupable ou seulement imprudente, rendu dangereux les textes que l'Église a mis entre les mains des fidèles? Ces textes, les voici : « Le seigneur Dieu envoya à Adam un profond sommeil, et lorsqu'il fut endormi, il tira une de ses côtes et mit de la chair à sa place. Et le seigneur Dieu, de la côte qu'il avait tirée d'Adam, forma la femme et l'amena à Adam... Or, Adam et sa femme étaient *alors* nus et ils n'en rougissaient pas. » Et plus loin, à propos du sujet de la désobéissance qui certainement, moins encore, ne devait pas être écarté à cause de l'importante leçon qu'il renferme : « Le Seigneur Dieu lui repartit (à Adam) : Et d'où saviez-vous que vous étiez nus sinon de ce que vous avez mangé du fruit de l'arbre dont je vous avais défendu de manger? » Fallait-il donc déchirer ces pages de la *Genèse* qui nous apprennent en même temps la vénération pour notre divin Auteur, le respect pour sa volonté et la cause qui amena le Christ sur la terre?

Je n'ignore pas qu'il existe quelques personnes qui poussent le scrupule de la pudeur au delà des limites où elle prend un autre nom.

Mais sans redouter l'accusation de pruderie à laquelle m'auraient exposé des précautions trop affectées pour ne pas être ridicules, j'avais cependant cru pouvoir m'autoriser de quelques exemples pour emprunter aux vêtements flottants des anges, introduits dans le projet primitif, un moyen d'atténuer une nudité que déjà devait affranchir de blâme la modestie du regard et de l'attitude de nos premiers parents. Mais conformément, sans doute, aux prescriptions du concile quinisexte à l'égard de la fidélité qu'il faut observer dans la traduction du texte par la peinture, on me fit observer que l'Écriture n'avait pas signalé la présence des anges ou leur intervention dans les sujets de la création et de la désobéissance, et qu'il y avait dans cette addition une sorte d'interprétation qu'il fallait éviter. Je me soumis au sacrifice d'un prudent artifice qui certainement eût soustrait ces compositions à des reproches qui, jugés alors sans valeur, sont devenus plus tard le prétexte de la destruction d'un travail important et l'occasion d'accumuler des arguments en faveur de cet acte.

Intéressé dans cette affaire, à moins qu'on ne considère une œuvre d'art comme étrangère à son auteur dès l'instant où il l'a livrée, je n'ai connu ces arguments que par des bruits incertains ; mais ces bruits ont pris assez de consistance pour que, vrais ou faux, ils autorisent l'étude que je me suis proposé de faire sur des questions qui ne perdent rien de leur intérêt, qu'elles aient été soulevées ou non, parce que certainement, elles se sont présentées à quelques esprits dans lesquels elles ont laissé d'inquiétantes incertitudes.

La seule communication semi-officielle que j'aie reçue à propos du sort réservé à la décoration du porche de Saint-Vincent-de-Paul, provenait d'un projet de transporter dans l'intérieur d'une ou de plusieurs églises les fragments unis ou désunis de ce travail, selon les emplacements disponibles. On me consultait sur la possibilité de faire quelques retouches qui, sans porter atteinte aux exigences de l'art et sans dépasser les ressources qu'offrait

un procédé de peinture ineffaçable, donneraient une satisfaction raisonnable à des réclamations qui, en consultant
d'innombrables exemples, ne semblent pas justifiés. On
prévenait la question qui devait naturellement se présenter
à l'esprit : comment des retouches suffisantes pour des
sujets transportés dans l'intérieur, ne l'étaient-elles pas
lorsqu'ils étaient placés à l'extérieur? en répondant à
l'avance que la réunion des textes de l'Ancien et du Nouveau
Testament donnait au sujet général un caractère de mysticité qu'il ne convenait pas d'exposer aux regards des passants. Je n'examine pas la différence qui peut exister en
France, c'est-à-dire dans un pays où tous les signes du christianisme apparaissent triomphateurs, entre les regards des
fidèles prosternés dans les églises et ceux des passants que
la foi y appelle ; mais j'avoue que si la subtilité de la distinction qui pourrait résulter de l'emplacement intérieur
ou extérieur des mêmes peintures, retouchées dans les
deux cas, échappe à mon esprit, je ne comprends pas davantage l'emploi que l'on a fait de l'expression mystique
pour désigner le caractère général de la composition.

Je ne sais si je me trompe, mais il me semble que le
mysticisme résulte d'une recherche qui *prête* un sens caché
aux choses de ce monde et aux livres sacrés, et que la
concordance de l'Ancien et du Nouveau Testament, exprimée dans la mesure gardée dans le choix des sujets de la
décoration de Saint-Vincent-de-Paul ne présente pas ce
caractère.

Pour tout le monde et d'après tous les enseignements
chrétiens, le sens est clair et n'a rien de caché : Dieu a créé
le monde, et le monde a péché; le Christ est descendu sur
la terre pour expier la faute de nos premiers parents; son

baptème a eu pour but d'effacer la tache originelle, et son sacrifice pour racheter le châtiment. Cela n'a rien de nouveau dans l'enseignement chrétien, cela n'a rien de caché ni d'obscur pour ceux qu'on voudrait ou ramener ou convertir à la foi. — En un mot, il n'y a entre le rapprochement des sujets de la décoration de Saint-Vincent-de-Paul aucune similitude avec les ingénieuses énigmes de la croix de Saint-Bertin, des vitraux de Bourges, des sculptures des cathédrales, ou avec la savante classification de Vincent de Beauvais, ou l'ordre encyclopédique de Jacques de Voragine, œuvres qui toutes pourraient, à la rigueur, plus ou moins encourir le reproche exprimé au sujet des peintures de Saint-Vincent-de-Paul.

Ainsi donc, ni sous le rapport de la nudité inévitable et constamment autorisée de nos premiers parents, ni sous celui de la mysticité, ces peintures n'auraient mérité la condamnation prononcée contre elles.

Mais il semble qu'on l'ait prévu puisqu'on a eu recours à une seconde condamnation qui entraînait avec elle la première, je veux dire la condamnation du principe de la décoration extérieure par la peinture.

§ IV.

Mais vraiment, en présence de l'ardeur que l'on a mise à détruire la décoration de Saint-Vincent-de-Paul, on croirait assister au siége d'une forteresse que défendrait en vain la raison. Aux attaques déjà multipliées succèdent d'autres attaques, et il semble que chaque assaillant apporte de nouvelles armes prises dans un arsenal qu'appro-

visionnent incessamment le caprice, les impressions, les
croyances de chaque individu.

Chacun a frappé une pierre et la forteresse est tombée.
Historien de ce siége, dont tous les incidents se sont passés
dans l'ombre, il me faut rechercher aujourd'hui, dans une
inextricable confusion de débris et dans leurs cicatrices,
l'espèce ou la nature des armes qui les ont fait tomber.

On me pardonnera, je l'espère, un désordre que je ne
peux éviter dans la défense d'une chose qui n'est plus, et,
d'ailleurs, ce désordre sera-t-il peut-être une image fidèle
de celui qui a présidé à l'attaque? Constamment obligé à
suivre des parallèles et des chemins couverts, je reviendrai
parfois sur mes pas. Je reviens donc encore sur les critiques
adressées tardivement aux peintures de Saint-Vincent-de-
Paul, non pas que je considère comme insuffisante une défense qui pourrait se borner à rappeler une approbation
antérieure comparable à un traité, mais parce que les considérations invoquées pour provoquer un changement imprévu dans les opinions émises précédemment par la commission des beaux-arts créeraient d'invincibles obstacles
au développement futur de la peinture religieuse, des exigences déplorables pour les chefs-d'œuvre, ou seulement
pour les œuvres estimables qui ornent aujourd'hui les
églises, et imposeraient de nouveau à l'art une surinten-
dance qui fut la cause de sa perte. Si l'on ajoute à ces considérations déjà bien graves l'effacement de l'individualité
des artistes, qui a si splendidement enrichi le langage de
l'art et qui, refoulée une autre fois encore, dans le cadre si
beau qu'il paraisse à certains, d'une école unique ou d'un
style exceptionnel, réduirait l'expression de la peinture à
une formule hiératique semblable à celle qui arrêta son

progrès en Égypte et parmi nous dans le moyen âge, on excusera mon insistance. Dira-t-on que ces craintes sont imaginaires, et que la réclamation du clergé n'avait eu d'autre but que de soustraire aux regards deux ou trois images qui les avaient offusqués? Mais s'il en était ainsi, ne suffisait-il pas, pour effacer les motifs de cette réclamation, de recourir à l'addition d'accessoires qui en auraient dissimulé la cause, retouches jugées suffisantes pour permettre l'admission de ces images dans l'intérieur des églises, ou, de modifier la pensée générale, ainsi que je l'avais proposé en dernier effort de cause, en substituant aux sujets attaqués d'autres sujets exclusivement relatifs à la vie du Rédempteur? Mais probablement cela ne suffisait ni au clergé ni à la commission, parce que l'un espérait au moins une plus grande part dans la direction des peintures religieuses, et que l'autre rencontrait un prétexte pour écarter encore l'avènement d'un procédé qui, selon elle, menaçait de porter le trouble dans les habitudes depuis longtemps contractées par les artistes.

Cela est au moins apparent, puisque ces deux motifs, s'appuyant l'un sur l'autre, ont entraîné l'abandon du principe de la peinture extérieure, qui n'apparut dans cette affaire que parce qu'il ne pouvait ressusciter en France qu'à l'aide du secours que lui venait apporter la peinture en émail sur lave qu'on sacrifiait en même temps.

Quelque incertaines que soient les suppositions précédentes, il n'en résulte pas moins d'un fait très-réel : que sur une objection émanée d'esprits, non-seulement étrangers à l'art, mais insensibles à son langage, l'exclusion par des artistes d'un principe, qu'il n'appartenait pas à un petit nombre d'individus, si éminents qu'ils

soient parmi leurs confrères, de prononcer en dernier res-
sort, a été décidée, par ce fait, qu'une ressource nouvelle
a été chassée du domaine de l'art et que l'asservissement
de l'art a été de nouveau constitué par le rétrécissement
d'une voie qu'avaient avec tant de labeurs heureux dé-
blayée nos illustres maîtres.

Le jugement sur le principe de la décoration extérieure
des monuments appartient incontestablement au public
qui résume en lui toutes les intelligences, et je ne crois
pas qu'il soit sage ni juste de soustraire à son examen un
exemple qu'on lui a soumis avant d'avoir recueilli ses suf-
frages. Cette condamnation à huis clos, on le nierait en
vain, a rendu inutile et bientôt même impraticable une découverte que nous eussent enviée, comme aujourd'hui nous
l'envie l'étranger, les peintres de la façade d'Orviéto, des
loges de Sainte-Marie-Majeure, du portique de Saint-Gré-
goire et de Saint-Laurent hors les murs ; une découverte
qui assurait une durée pour ainsi dire éternelle aux voiles
d'or et de couleurs que nos artistes plus habiles auraient
brodés de chefs-d'œuvre, qui, substituant la durée infinie
à l'existence éphémère, aurait porté aux âges futurs les
témoignages immaculés de l'état de l'art à notre époque.

Certainement, je suis loin de dire que l'œuvre de Saint-
Vincent-de-Paul méritât cet honneur; mais si l'on a jamais vu que l'avénement d'un progrès fût signalé par un
chef-d'œuvre, on conviendra qu'il est au moins imprudent
d'écarter d'une main impatiente les éléments nouveaux qui
le feraient naître un jour, et l'on peut sans erreur affirmer
que le dédaigneux accueil fait au premier exemple important de la peinture en émail sur lave arrêtera tout d'un coup
l'emploi que se proposaient d'en faire des talents éprouvés.

Il y a pour cela une raison dont on ne peut nier la valeur parce qu'elle repose sur les calculs de l'intérêt matériel qui est toujours prévoyant.

L'application d'une découverte industrielle aux œuvres de l'art exige des dispositions particulières dans un établissement ; elle n'a qu'une infime part dans la production, et les bénéfices qu'elle pourrait apporter ne suffiraient pas à établir avantageusement la balance des profits et des déboursés. Il en résulterait donc pour les artistes des difficultés pour se procurer des matériaux rarement employés, des retards et des enchérissements qui ne manqueraient pas de leur faire abandonner leurs projets. Ces difficultés, je les ai rencontrées, et l'on m'a reproché très-injustement le temps que j'avais mis à les surmonter.

Ainsi donc, quelle que soit la cause réelle ou fictive de la décision de la commission des beaux-arts, on a rejeté le principe de la décoration extérieure et neutralisé les moyens qu'elle aurait eu de se produire par l'emploi de ressources jusque-là inconnues, et l'on a du même coup privé les artistes d'un procédé qui devait perpétuer leurs autres ouvrages.

Ces déductions ne paraîtront pas excessives si l'on réfléchit que, quelle que soit sa persévérance, un seul ne peut poursuivre une lutte contre une opposition assez puissante pour arrêter le cours d'un progrès utile et déjà réalisé.

Je sais bien qu'on pourrait dire : « Nous avons d'abord » adopté la peinture extérieure dans la sincérité de nos con- » victions, parce que nous attendions un bon effet de la » coloration des monuments. L'épreuve qui en a été faite » nous a démontré plus tard notre erreur ; nos yeux ont » été blessés de l'éclat subit que la peinture extérieure a

» répandu sur nos murs, et c'est avec une sincérité égale
» que nous l'avons condamnée. Cela pouvait convenir à la
» Grèce, dont les organes étaient plus jeunes et le cœur
» plus ardent ; mais nous avons vieilli, et le calme et le si-
» lence de nos monuments conviennent mieux à notre âge.
» Mais nous n'avons pas entendu étouffer en même temps
» une découverte que nous reconnaissons utile ; nous ac-
» ceptons la responsabilité de la condamnation de la pein-
» ture extérieure, mais nous n'en acceptons pas les consé-
» quences, parce que nous ne les avons pas prévues, ou
» que du moins nous ne les jugeons pas réelles. La preuve,
» c'est que, reconnaissant que l'emploi de la peinture en
» émail sur lave est gênant pour nos confrères et qu'il est
» cependant utile, nous proposerons l'établissement d'é-
» coles où de jeunes ouvriers, instruits dans son usage,
» traduiront à l'aide de ce procédé les cartons des artistes. »

En vérité, cet étrange expédient est-il bien raisonnable ?
Oublie-t-on qu'une œuvre d'art n'est estimée que si, dès sa
naissance et pendant qu'elle grandit, elle a respiré constamment le souffle parti du cœur de son auteur ? Oublie-
t-on l'énorme distance qui sépare un original d'une copie,
faite même sous les yeux du maître par son plus habile dis-
ciple, et croit-on qu'une main mercenaire la fera disparaître ? Je n'irai pas plus loin ; mais je dirai cependant que
lorsque l'art a quitté son domaine pour pénétrer dans l'industrie, il n'y rentre jamais.

J'ai compris jusqu'à un certain point l'émotion produite
par la réclamation du clergé, mais j'ai cherché en vain les
traces de la réclamation du vrai public contre la peinture
extérieure, et c'est en vain que j'ai cherché aussi le rapport
qui pouvait exister entre un principe de l'art, la peinture

extérieure, et la question qui a amené son exclusion. Je n'ai trouvé qu'un expédient dans cet acte, ou, je n'oserais l'affirmer, un prétexte, et ne rencontrant nulle part un argument nettement formulé en faveur de ce qui s'est fait, j'ai recouru à l'examen des conséquences que l'étude du passé révèle. Ni le droit que le clergé réclame, ni les droits que la commission invoque ne sont inscrits dans les lois ; dès lors il me sera permis de continuer, ainsi que je l'ai fait jusqu'à présent, l'examen des dangers qu'il y aurait de les y introduire.

La satisfaction qu'on a si largement accordée aux exigences d'une pudeur excessive ne s'arrêtera pas sans doute aux peintures de Saint-Vincent-de-Paul, car on ne voudra pas qu'elle soit une exception qui semblerait un prétexte à une persécution. Or donc, pour éviter une interprétation qui la ferait blâmable, on sera entraîné à permettre de mutiler et de déshonorer par d'absurdes additions ou de retoucher, non-seulement les œuvres parfois estimables de l'art, dont on fait bon marché, qui représentent les mêmes sujets dans presque toutes les églises, mais par une extension qui ne s'arrêtera pas dans cet ordre d'idées, toutes celles, chefs-d'œuvre ou non, qui laissent apparaître, à l'exception des mains et du visage, une apparence du corps humain.

En veut-on des exemples ? Il y a quelques années à peine, un curé de village ayant reçu en cadeau pour son église une copie de la chaste image de sainte Geneviève, dont l'original est placé dans la cathédrale de Paris, fut offusqué de l'immodestie d'une jupe qui laissait à nu la partie inférieure des jambes de la jeune vierge. Il n'avait pas à sa disposition de peintre pour badigeonner le bas de cette image, mais il se

procura dans une mercerie un morceau d'étoffe à peu près
ressemblante au vêtement trop exigu et le colla sur les jambes
de la sainte, en le faisant descendre jusqu'à l'extrémité des
pieds nus. Des naïvetés semblables se reproduisent chaque
jour dans les couvents, sur les gravures des livres de piété,
et si j'en crois les récits qui m'ont été faits récemment, des
personnages sérieux et graves, mais trop ardents dans les
questions religieuses, ont osé soumettre à Rome même des
chefs-d'œuvre, innocents jusque-là, à des humiliations analogues. Ils n'ont pas hésité à introduire leur étrange police
dans la ville où règnent les souverains pontifes, qui certainement n'ont jamais cru que leurs prières arriveraient pro-
fanées à Dieu en traversant les parois et les voûtes de la chapelle Sixtine ou de leurs saintes demeures, si splendidement
décorées par des images où les œuvres du Créateur étaient
respectueusement mais fidèlement reproduites. — Sans
doute on a jeté quelques légers fragments de voile sur quelques parties d'une nudité qui, selon la pensée de l'auteur
austère du *Jugement dernier*, ne devaient pas être dangereuses dans un sujet qui impose à l'esprit une sainte terreur; mais cette prudence extrême n'a été approuvée que
par ceux qui, insensibles à la majesté de la scène indicible
qui s'offrait à leurs froids regards, n'y rencontraient que
de blâmables souvenirs ou des dangers imaginaires pour
l'innocence maladroitement avertie.

A la rigueur, on comprend qu'il faut éviter certaines nudités qu'un sentiment général condamne, lorsqu'elles ne sont
pas nécessaires ou qu'un artiste ignorant ne trouve pas le
moyen de les dissimuler, mais il n'en était pas ainsi dans les
peintures de Saint-Vincent-de-Paul : les nudités réprouvées
n'apparaissaient nulle part, et l'auteur avait puisé dans sa

propre conscience et dans d'innombrables exemples cette conviction — une nudité exigée par un sujet autorisé par l'Église n'est pas dangereuse par elle-même, mais elle peut le devenir lorsque, par une affectation de scrupule, on signale à l'innocence l'abus qu'en pourrait faire un esprit dépravé. — Or donc, pour conjurer le danger d'un zèle inconsidéré, il ne serait plus permis de reproduire dans une œuvre d'art destinée aux églises, ni le baptême du Christ dépouillé de sa robe dans les eaux du Jourdain, ni les tortures de sa passion, ni sa mise au tombeau, ni sa résurrection, et il serait interdit de représenter la plupart des martyrs, hommes et vierges, dans les supplices auxquels ils ont été soumis. Ce serait désormais en vain que les peintures exposées dans nos églises auraient été couvertes par l'opinion publique et par le clergé lui-même qui les a précédemment acceptées, et que les ouvrages commandés par la ville auraient subi, sans exception, l'examen préalable d'une commission probablement compétente jusqu'à ce jour. En présence des mutilations des sectateurs d'une pudeur outrée, consacrées par un premier succès, ne faudrait-il pas bientôt répéter : «..... L'univers retentit du bruit des marteaux qui renversaient les chefs-d'œuvre des Scopas des Polyctète et des Callimaque. » Et cet odieux scandale aurait lieu parce que le premier auteur du reproche adressé aux sujets de Saint-Vincent-de-Paul ne trouve pas que, pour abriter les œuvres d'art contre l'anathème, l'opinion d'un seul ecclésiastique dans la commission des beaux-arts soit suffisante, comme si l'on pouvait admettre que les opinions puissent varier, non pas seulement dans un diocèse, mais dans le monde chrétien tout entier, sur les lois de la pudeur.

Cette observation d'un seul a sans doute été partagée par
les adeptes d'une secte nouvelle, si l'on tient compte de
l'effet qu'elle a produit. Elle semblerait impliquer alors le
désir de voir abandonner au clergé une plus large part
dans la direction des œuvres complexes de l'art religieux,
qui confond dans un même ouvrage les prescriptions de
l'art et celles de la religion.

Mais on a vu le danger qui résulta autrefois de la surin-
tendance de l'art lorsqu'elle fut réservée aux prélats, et sans
commettre une offense envers un corps si digne de tous nos
respects, on peut dire que les saintes études qu'exige son
ministère lui interdisent celles qui forment la science et le
goût indispensables à l'exercice de l'art ou seulement aux
jugements sur ses productions. A l'appui de cette assertion je n'invoquerai pas de nouveau les exemples précités
dans le cours de cette étude, mais je rappellerai, avec tout
le respect qu'inspirent les vertus du clergé de nos jours,
certaines images d'une dévotion incontestablement ortho-
doxe dans lesquelles l'ordre que Dieu avait fixé aux organes
de la vie a été complétement subverti. Ces images expriment une pensée pieuse, mais le choix de l'expression
parmi tant d'autres expressions qu'auraient certainement
rencontrées des artistes, est malheureuse au point de vue
de l'art, dont la mission générale est de reproduire dans
leur plus noble vérité l'aspect et la nature des objets dont
le Créateur a offert l'image à nos regards et à notre admiration.

Enfin la faveur de plus en plus accordée à des images
banales, qu'une reproduction mécanique répand à bon
marché dans nos églises, témoigne dans une mesure suffisante le peu d'intérêt que le clergé accorde aux enfante-

ments du génie et l'imprudence de lui en abandonner la
direction. Certainement, si une commission des beaux-arts
où dominerait le clergé était appelée à donner son avis
sur les ouvrages acquis ou propagés sans la participation
des artistes effacés par une majorité étrangère à l'art, il
s'élèverait un conflit où l'art succomberait au détriment
de l'embellissement des églises et sans profit pour les enseignements religieux que renferment les images saintes.
Un seul ecclésiastique suffit à prévenir des erreurs con-
damnées par l'Église, parce que l'Église est une, immuable
et indivisible dans les principes de la morale. Mais il n'en
est pas de même de l'art, parce que si l'on peut le considérer comme une institution, cette institution est humaine
et qu'en dehors des principes généraux qui sont dans son
essence intime, elle doit suivre le mouvement de l'esprit
humain qui, chaque jour, lui apporte des éléments de
progrès. Il est donc convenable qu'une direction chargée
de faire respecter les principes généraux soit confiée à plusieurs, afin que les diverses expressions de l'art puissent
trouver des juges et des défenseurs également éminents,
mais diversement sympathiques aux qualités qui sont propres à chacune de ces expressions. Du moins il en devrait
être ainsi. Je devrais dire, il y a quelques jours à peine, il
en était ainsi. Mais pourquoi, après avoir démontré la prudence qui a présidé à la formation de la commission de
beaux-arts, faut-il que je sois amené à douter de son effi-
cacité? Un acte d'intolérance, un abus de pouvoir me for-
cent à prolonger mes études en les étendant sur la question des styles convenables à la peinture religieuse et sur
l'extension nouvelle des attributions qui ont été données
d'abord à cette sage institution.

§ V

Quelques membres de la commission ont témoigné le regret que les peintures de Saint-Vincent-de-Paul ne portassent pas suffisamment l'empreinte d'un style approprié à la peinture monumentale religieuse.

Ce regret révèle une tendance trop grave et dont l'action s'est déjà fait trop sentir sur des hommes d'un grand mérite pour que je la passe sous le silence. Je vais donc en essayer l'examen.

Il serait impossible de désigner d'une manière absolue le caractère et la forme qu'emprunte la peinture pour revêtir un style uniquement applicable aux images destinées aux monuments religieux. Cependant, en généralisant l'expression de style monumental et religieux, il faut reconnaître la distinction qu'on doit faire de la grande peinture et de la peinture de chevalet, de la peinture profane et de la peinture sacrée. On comprend facilement qu'il en doive être ainsi; mais ce que l'on saisit moins, ce serait le signe unique, exceptionnel, qui constituerait le style de la peinture monumentale et religieuse en confondant dans un aspect commun, c'est-à-dire identique, tous les ouvrages de toutes les époques et sortis de la main de tous les artistes, de tous les temps, parce que, bien entendu, à part les sujets des peintures, qui sont religieuses ou profanes par leur propre nature, chaque époque met son empreinte sur une œuvre contemporaine et chaque individu le cachet de son esprit ou de son génie sur ses productions.

Ainsi donc il est bien entendu que si la peinture destinée

à décorer un monument consacré au culte doit se distinguer par un certain caractère ou, si l'on veut, par un certain style, ce caractère ou ce style doivent cependant emprunter quelque chose non-seulement aux mœurs, aux habitudes, au mouvement des esprits, au milieu duquel ils se manifestent, mais encore à la manière particulière à chaque artiste qui, inspiré lui-même par tout ce qui l'entoure, reproduit dans ses œuvres en même temps qu'un caractère général conforme à son époque le caractère particulier émané de ses propres aptitudes nuancées à leur tour selon le style de l'édifice qu'il est chargé d'embellir.

Le style monumental et religieux variera donc selon les temps, selon les lieux, selon les artistes, selon le style d'un monument, ou si l'on était tenté de le nier, il serait immuable, ce qui le mettrait en dehors des conditions et des lois de l'humanité. Telle n'est pas certainement la pensée des membres de la commission qui ont exprimé un regret sur le choix du style adopté dans les peintures de Saint-Vincent-de-Paul; mais, à défaut d'une désignation suffisante, je chercherai dans l'histoire de l'art et dans les exemples des multiples productions de la peinture l'origine du style monumental et religieux et les formes successives sous lesquelles il est apparu, afin de reconnaître la portée du reproche qui m'a été adressé.

Ce n'est pas sur les monuments de l'Égypte que l'on peut trouver la formule d'un style particulier aux peintures monumentales et religieuses. Le caractère qu'on y reconnaît est commun à toutes les œuvres de la peinture de ce pays, tableaux mobiles qui, pour la plupart, sont des bijoux portatifs, tombeaux, cercueils, décorations des temples, des

obélisques ; soit qu'ils représentent des cérémonies religieuses ou des faits historiques, tous portent la même empreinte, et c'est à peine si l'on distingue la différence d'impressions que laisse sur les œuvres des peintres égyp-
tiens le passage des temps différents. Il semblerait en
vérité que l'art égyptien, armé tout d'une pièce, est sorti
tout à coup du cerveau d'un artiste sans père et sans postérité, et que, dès sa naissance, enfant, adolescent, homme
mûr ou vieillard, les années passaient près de lui sans rien
lui apporter et sans rien lui ôter. Ce n'est donc pas une
leçon d'art qu'il faut demander à l'Égypte, mais une leçon
de sagesse pour nous faire éviter les tristes résultats de
son immobilité.

Ce n'est pas davantage en Grèce, mais par d'autres raisons. La fragilité des moyens employés par les peintres a
fait une lacune malheureuse dans les chefs-d'œuvre qu'elle
nous a laissés. Nous ne pouvons pas comparer le style des
tableaux mobiles des grands peintres, car ils ont disparu,
avec les imperceptibles débris de leurs peintures murales.
Les tableaux de Ludius en différaient certainement, mais
comment ? Nous l'ignorons, et les récits sont insuffisants
pour nous éclairer à cet égard. Plus tard, les Catacombes
nous offriraient quelques indices, si nous pouvions reconnaître dans les pauvres exemples de la pénurie de l'art des
tracés qui nous révéleraient que les peintures appliquées
directement sur les murs et les tableaux mobiles étaient
soumis à des lois différentes. Mais d'ailleurs les peintures
des Catacombes, reflets obscurcis des enseignements de
maîtres qui depuis des siècles s'étaient effacés, ne pourraient aujourd'hui nous conduire sur la trace d'un système
qui, considéré au même point de vue d'aujourd'hui, n'a

peut-être jamais existé dans les âges précédents de l'art.

Il est vrai que les plus anciennes mosaïques chrétiennes n'avaient, sous le rapport du style, aucune analogie avec la célèbre mosaïque antique qui représente la bataille d'Arbelles. Aux mouvements énergiques des combattants, aux bonds fougueux des chevaux, à la mêlée des blessés et des morts, exprimée par les plus hardis raccourcis, avaient été substituées des images immobiles presque régulièrement espacées et parfois séparées par de maigres palmiers, afin sans doute d'éviter la confusion des noms ou des inscriptions qui les distinguaient entre elles; le contour barbare, ignorant, l'expression sauvage, brutale, la coloration restreinte à la pénurie des matières, l'assemblage de tons tantôt méconnaissables par leur impureté, tantôt éclatants, tantôt affaiblis jusqu'à l'incoloration, auraient offensé le regard, si toutes ces choses, plongées dans une lumineuse atmosphère ne se confondaient pas dans l'éclat de ses rayons capricieux, heureux produits d'une exécution irrégulière. Sans doute le spectacle était beau. Ce n'était pas le résultat d'un système, mais celui d'une impuissance heureusement noyée dans un aspect de splendeur dont les qualités propres des matières et le rayonnement de la lumière font exclusivement tous les frais.

Certainement c'est beaucoup d'avoir deviné cet effet ou d'en avoir su profiter. Mais malgré l'influence qu'exercent et imposent les mosaïques byzantines, ce n'est pas dans un art qui puise ses ressources dans la matière qu'il faut chercher un enseignement pour un autre dont la valeur est en lui-même.

La grossièreté de l'exécution était indispensable à l'effet d'une décoration obtenue par ces anciennes mosaïques, et

l'on en sera convaincu si l'on compare les deux faces de
l'arc triomphal de Saint-Paul hors les murs. L'incendie de
1823 avait atteint la face qui regarde la nef, il avait respecté celle du transsept : lorsque la restauration de la basilique fut achevée, on put remarquer l'immense différence
qui distinguait les deux côtés. La mosaïque ancienne, bru-
talement exécutée, impressionne vivement par son sauvage éclat, tandis que la nouvelle, copiée sur celle qui
avait disparu, a perdu toute son expression dans l'extrême
régularité des cubes d'or et de verre irréprochablement
réunis par des ouvriers trop adroits. Ce résultat paraîtrait
étrange si l'on oublie les éléments de succès de ce genre
de peinture, qu'il ne faut pas comparer à la peinture en
mosaïque, destinés plus tard et encore aujourd'hui , à
Rome, à la reproduction des chefs-d'œuvre de la peinture.

La disposition générale des mosaïques dites byzantines et
l'impression qu'elles exercent ne sont ni une conséquence,
ni une obligation d'un principe de l'art. Leur caractère
est dans l'impuissance et l'ignorance des ressources qu'of-
fraient alors les arts du dessin; ainsi que je viens de le dire,
leur effet est particulièrement dû à la matière mise en
œuvre. En effet, l'abside de Saint-Clément, à Rome, est
dans sa partie inférieure décorée d'une peinture représentant le Christ accompagné des douze apôtres. La composition semble calquée sur une mosaïque byzantine, mais ré-
duite à la sobriété de la fresque qu'elle ne relève pas par
les qualités du dessin, cette œuvre ne mérite pas le nom
d'œuvre d'art et ne pourrait être un exemple du style monumental et religieux.

Au contraire, la décoration de la chapelle de la Passion,
exécutée par Mazaccio dans cette même église, est réelle-

ment digne d'être consultée. Comparable aux peintures de Saint-François d'Assise et du Campo-Santo, elle offre un caractère qui pourrait être considéré comme l'expression d'un style particulier à la peinture décorative si l'on n'y reconnaissait pas l'influence de la marche progressive de l'art. Le dessin en est pur et gracieusement naïf, les expressions sont justes et modestement exprimées, les mouvements s'assouplissent, les personnages se relient habilement entre eux dans des groupes dont les silhouettes sont précieusement étudiées; la perspective se révèle dans les raccourcis des membres, dans l'amoindrissement des personnages, suivant les distances qui les séparent, et dans les lignes fuyantes qui donnent aux édifices, dont les fonds s'enrichissent, leurs proportions réelles de hauteur, de largeur et de profondeur. Il est difficile aujourd'hui de reconnaître la coloration du maître sous les retouches trop complètes faites dans le premier quart de notre siècle par Camuccini, mais on peut s'assurer que la distribution de la lumière et de l'ombre est entrée dans les éléments de la reproduction de l'effet que présentent aux yeux les objets naturels.

On ne sent pas dans ces peintures l'abstention préconçue de moyens disponibles, mais au contraire l'emploi de toutes les ressources que les progrès successivement obtenus par ses prédécesseurs et augmentés par Mazaccio lui-même avaient amassés dans ses mains. Ces peintures sont supérieures, non pas parce que leur auteur aurait rejeté des moyens qu'il aurait jugés superflus, mais parce qu'il a réuni dans son œuvre toutes les qualités que l'art avait conquises à son époque.

Le style des peintures de Mazaccio et de ses contemporains nous séduit en outre parce qu'il est conforme aux croyances, aux mœurs, aux habitudes du temps où il est apparu; mais si on le considérait comme la plus extrême expression de l'art monumental et religieux, il faudrait oublier que le secret de son charme est particulièrement dans ce rapport instructif, parce qu'il est l'image vraie de son temps et qu'une reproduction de ce style aujourd'hui serait au contraire un mensonge.

Le style, dans l'art comme dans le langage, se modifie suivant la marche de la pensée humaine et s'enrichit des conquêtes d'une civilisation progressive. Il augmente sans cesse ses trésors, et ceux qui en héritent doivent les faire fructifier sous peine de mériter « le jugement porté dans l'Évangile contre cet intendant qui, n'ayant pas fait en sorte de rendre avec intérêt la somme à lui confiée, fut privé de tout bénéfice et flétri par la bouche de son maître du nom de mauvais serviteur. »

S'il en était autrement, l'art, sous prétexte de se renfermer dans un style, immobile dans un caractère étroitement circonscrit, ne serait plus l'image de ce qui se passe autour de lui, et seul entre toutes les autres productions de l'esprit, il serait incapable de satisfaire aux appétits nouveaux d'une intelligence qui s'agrandit incessamment. Sans doute, il faut honorer et consulter les traditions, mais il ne faut pas les considérer comme des guides inflexibles qui, en indiquant les bonnes voies, limitent leur parcours.

Michel-Ange, Raphaël, ainsi que tant d'autres, respectaient les leçons de leurs maîtres, mais ils n'ont pas rejeté pour cela les expressions d'un style inconnu de leurs devanciers, et chacun de ces illustres artistes a, selon son génie, exploré plus au loin la route dans laquelle les avaient conduits leurs prédécesseurs.

Lucas Signorelli, dans les peintures d'Orviéto, avait fait éclore les prémices de la chapelle Sixtine ; Pérugin, dans un plafond respecté par son élève, celles de la dispute du Saint-Sacrement. Mais Michel-Ange, obéissant aux instincts de son organisation puissante, trouvait le style de la peinture monumentale et religieuse dans l'expression d'une nature énergique, d'un sentiment austère et profondément convaincu. Le style, dans ses ouvrages, se révélait par la grandeur, la simplicité, l'abondance, et il traduisait la grandeur par la noble ampleur de la forme, la simplicité par l'abstention d'accessoires superflus, l'abondance par la profusion de la force et de la majesté. Raphaël au contraire, dont le génie était plus sympathique à toutes les sensations de l'humanité, trouva les éléments du style dans la grandeur unie à la distinction, dans la simplicité accompagnée de la grâce, dans l'abondance ornée de l'élégance.

La chapelle Sixtine, les chambres du Vatican, les loges sont également des modèles de style approprié à la peinture monumentale et religieuse. Il est sage de les consulter, mais il serait insensé de vouloir ou d'espérer les égaler par des imitations où l'on sentirait l'absence des individualités créatrices et nourricières. Les peintures de Saint-François-d'Assise et du Campo-Santo et les splendides décorations des maîtres vénitiens, sont également, malgré l'énorme distance qui les sépare sous le rapport de leur aspect, empreints de style. Les qualités diverses que renferment ces œuvres, toutes justement admirées, ne doivent pas être systématiquement adoptées ou exclues, sous prétexte d'imposer un style exceptionnel à la peinture monumentale, parce qu'elles ne seraient pas l'expression du sentiment de notre époque.

§ VI

L'expression de style monumental et religieux et la chose qu'elle désigne sont d'invention moderne. L'une et l'autre sont nées de nos jours pendant le cours des études sur l'archéologie du moyen âge.

Parmi les caractères que revêtit l'architecture des églises construites pendant la succession des siècles qui s'écoulèrent depuis la décadence de l'art jusqu'à la Renaissance, le style ogival obtint la préférence d'une certaine école, et suivant cette école bientôt envahissante, je devrais dire despotique, les édifices religieux du XIII\e siècle, parurent seuls conformes aux sentiments qu'inspire la religion chrétienne. Il en fut de même des productions des autres arts. Le XIII\e siècle devint l'objet d'un culte exclusif et par cela même intolérant. Suivant cette école, les édifices, les sculptures, les peintures, les chants, les ornements d'église, les vêtements sacerdotaux furent, exceptionnellement aux choses précédentes et à celles qui les ont suivies, empreints du caractère chrétien; l'art chrétien naquit à cette époque et mourut avec elle, le sentiment de l'art chrétien s'éteignit lorsque l'ogive disparut. Raphaël et ses contemporains n'avaient jamais été des artistes chrétiens, et l'étude de leurs œuvres, intéressante, on daignait en convenir, au point de vue d'un art mondain, ne devait pas servir de guide à ceux qui sont appelés de nos jours à construire, à décorer les églises et à célébrer dans des chants la gloire du Tout-Puissant. Nos architectes, nos peintres, nos sculpteurs, nos musiciens tous devaient donc s'éloigner au plus tôt du milieu dans lequel ils vivaient, car ce milieu n'était plus empreint des conceptions du XIII° siècle, et ils devaient au contraire s'empresser de retremper leur génie dans une inspiration rétrospective d'un temps qui n'était plus.

Les maîtres du XIII° siècle jusqu'au XV° au plus avaient eu seuls le secret d'assimiler leurs œuvres aux sentiments religieux, seuls ils devaient dicter les préceptes d'un art destiné à embellir les lieux consacrés au culte et aux enseignements de l'Église et de l'Évangile. Dès lors les partisans de cette doctrine renfermèrent dans une formule archaïque l'expression de la naïve et sincère insuffisance que revêtent les œuvres de leurs prédécesseurs, mais que dément leur incontestable talent.

Quelle que soit la soumission des adeptes d'un art inspiré par le génie d'un autre âge aux exigences d'une fantaisie à la rigueur respectable, mais qui sera passagère, ils ne devraient pas ambitionner le trop modeste honneur d'être confondus un jour, par une similitude trompeuse, avec les illustrations dont les siècles les avaient séparés; ils ne devraient pas oublier que grammairiens de l'art, leur devoir, de même que celui des grammairiens du langage écrit, est non-seulement de réchauffer au feu de leur génie, dont ils semblent douter, les richesses acquises autrefois, mais les augmenter encore par une fertile alliance des qualités conquises par leur propre intelligence.

Je m'empresse de déclarer que je ne veux pas ici condamner d'une manière absolue le caractère que cette école voudrait imposer aux peintures religieuses exécutées dans notre temps, je veux croire que les peintures qui ont subi cette influence sont, ainsi que cela doit être, sincèrement inspirées par les tendances et les aptitudes naturelles de ceux qui les ont produites, mais je crois sincèrement aussi que l'imposition rigoureuse d'un style unique résultant d'une formule uniforme, étoufferait l'individualité, les inspirations inattendues, spontanées du génie, qui sont ou le progrès ou seulement ses prémices, et ramènerait de nouveau l'immobilité de l'art qui fut certainement la conséquence d'un principe exclusivement hiératique dans l'art de l'Égypte et du moyen âge.

Les artistes qui doivent leurs succès à l'affranchissement du génie se refuseraient la plupart à des exigences qui l'asserviraient de nouveau, et peut-être avant peu verrait-on renaître la déplorable période où les saintes murailles étaient couvertes par des œuvres purement mécaniques, calquées et surcalquées sur quelques rares originaux mille fois reproduits par des mains mercenaires, de plus en plus inhabiles, ou parce qu'elles seraient moins rétribuées, ou parce que la source vivifiante de l'art serait une autre fois obstruée.

Cette appréhension n'est pas chimérique, car elle s'est réalisée déjà dans les productions d'un art qui fut une gloire pour notre pays, et qui aujourd'hui, sauf de rares exceptions, en est une honte : je veux parler de la peinture sur verre qui, envahie de nos jours par la concurrence industrielle, a presque cessé d'être un art. J'ai regret de le dire, mais de même que les pentes imposent aux choses matérielles un entraînement irrésistible vers l'abîme, de même une pensée irréfléchie conduit fatalement aux plus regrettables erreurs.

Profondément convaincu de cette vérité, j'ai honnêtement scruté ma conscience et lui ai demandé si un ressentiment amer de chagrin personnel ne se déguisait pas sous le masque d'un intérèt général ; je n'ai trouvé que le réveil d'une pensée assoupie qu'avait fait naître en moi la direction rétrograde que l'art religieux menace de prendre depuis quelques années.

Peut-être cependant que peu familiarisé avec l'usage du langage écrit, j'ai mal rendu l'image de l'avenir de l'art telle qu'elle se présente à mon esprit. Je reviendrai donc encore, au risque de me répéter, sur la question bien complexe du style dans la peinture religieuse, en affirmant de nouveau que je n'ai pas voulu blesser ou condamner les convictions sincères qui ont inspiré des œuvres dont l'art de notre temps a droit de s'enorgueillir, mais dont l'imitation me semblerait dangereuse.

Selon les impressions que j'ai reçues des leçons de mon maître, illustre victime de l'intolérance d'un système qui pourtant ne fit que passer, et plus tard, de celles de l'histoire de l'art, le style de l'art monumental et religieux se manifeste sous divers aspects et non pas sous une formule exclusive. Comme toutes les productions de l'esprit ou de la matière, les productions de l'art sont régies par le principe général de la conformité entre la chose et sa destination. Or, pour ne pas nous écarter des peintures religieuses, ces peintures ont toutes indistinctement pour objet l'enseignement des fidèles et l'embellissement des églises. Mais chaque enseignement renferme une pensée dominante et chaque église un caractère de construction différent.

Les images doivent donc refléter d'abord dans leurs expressions sensibles aux regards la pensée dominante du

sujet. Tantôt majestueuses, graves, austères, terribles,
elles représentent Dieu, sa sagesse profonde, ses jugements,
sa sainte colère ; tantôt aimables, joyeuses, élégantes et
riches, elles offrent le doux spectacle du Christ entouré de
petits enfants, de son entrée triomphale dans la ville semée
de fleurs et retentissant de chants de fête. Leurs expressions sont donc aussi innombrables que les sujets renfermés dans les livres sacrés, et toujours elles doivent emprunter leur poésie au style poétique des saintes Écritures
qui changent de rhythme en changeant de sujets. Considé-
rées ensuite sous le rapport de l'ornementation des églises, elles doivent s'identifier avec le caractère particulier
à chacun de ces édifices. Il est donc évident qu'un style
unique qui affecterait une sobriété de dessin, de mouvement, d'expression, de couleur, préconçue dans un but
d'imitation même heureusement perfectionnée, mais empruntée à une époque où l'art était soumis à des ressources
restreintes, parce que les progrès ne les avaient pas encore
développées, ne pourrait exprimer que relativement, c'est-
à-dire en les amoindrissant, la fermeté, l'ampleur, l'aus-
térité, la grâce, l'élégance, la richesse des textes dont les
grands maîtres postérieurs et incontestablement progressifs nous ont fourni les éléments, et que, d'autre part, les
exemples puisés dans une époque unique ne présenteraient
pas les moyens d'une assimilation, je veux dire d'harmonie, entre les ornements et les édifices dont les styles divers appartiennent à des temps différents.

En effet, sous ce dernier rapport, ne serait-ce pas
manquer aux principes les plus élémentaires de l'art et
plus encore de la raison que de transporter, comme on le
ferait dans un musée, les peintures de Saint-François-d'As-

sise ou du Campo-Santo sur les murs de Saint-Eustache ou de la Madeleine? ou bien, selon la mode du siècle précédent, de décorer nos plus anciennes basiliques par des œuvres où brillent la somptuosité de la renaissance ou des époques postérieures, jusqu'au moment où un autre engouement aussi impérieux à son tour ferait gratter les murs ou bien les rhabiller selon les goûts du jour?

Cette question, je ne devrais pas la faire, car il suffit pour y répondre de rappeler les retouches du chœur de Notre-Dame de Paris, qu'on efface aujourd'hui au nom de la raison, et de citer, pour le blâmer, l'ignorant caprice qui a fait disparaître à Jumiéges les fresques si intéressantes et si rares du VIIᵉ siècle sous celles du XIIIᵉ, elles-mêmes bientôt recouvertes par d'autres du XIVᵉ, plus honteusement encore dissimulées au XVIIᵉ par un ignoble badigeon.

Si donc on est touché des désordres introduits par les modes ou par les engouements passagers dans l'harmonie des édifices, voudra-t-on les ramener encore en couvrant d'une couche uniforme les murs des monuments qui chacun témoignaient de leur âge par le caractère dont ils étaient revêtus. C'est pourtant ce qui arriverait si, de nos jours, on n'accordait le titre de peinture monumentale et religieuse qu'à celle qui emprunterait à une seule époque privilégiée, au mépris de toutes les autres, de celle même où nous vivons, le caractère qui résulterait de l'état de l'art, des croyances, des mœurs, des habitudes, du milieu dans lequel elle avait apparu.

Ces influences des époques sont inévitables, mais toutes les peintures monumentales et religieuses ont du style lorsqu'elles portent l'empreinte, plus ou moins profonde, selon les facultés de leur auteur, des qualités supérieures

d'un art contemporain, et qu'elles se distinguent des
œuvres mobiles, des tableaux proprement dits, par l'abstention des artifices de couleur, de jeux de lumière, d'habileté de pinceau qui, en s'adressant trop particulièrement
à nos organes matériels, détournent les esprits de la recherche de la pensée.

Sans doute il est difficile, il est impossible même, de
limiter exactement l'espace dans lequel il est permis au
style de la peinture monumentale de se mouvoir, puisque
son caractère est multiple et varie selon la destination
des œuvres, le choix de leur sujet, leur emplacement et
les nuances des aptitudes naturelles qui distinguent leurs
auteurs. Infini dans ses acceptions, le style signifie, dans
la question actuelle, l'expression la plus juste possible de
ce qu'il y a de beau dans l'idéal, et l'idéal c'est une image
qui apparaît à l'esprit revêtue de toutes les perfections ré-
vélées par le souvenir de choses naturelles dont les beautés sont éparses et par conséquent incomplètes dans une
unité réelle. L'idéalisme de la forme, l'idéalisme de la couleur, l'idéalisme de la lumière sont donc les éléments que
doit rechercher le peintre religieux pour créer une image
digne de traduire les pensées et les actes du Seigneur, et
provoquer dans le cœur des fidèles les plus saintes ambi-
tions. Mais, pour atteindre ce but, l'artiste ne doit pas se
renfermer dans un système qui exclut volontairement ou
dédaigne, dans l'intérêt d'un style qui a sa préférence, une
partie des ressources de la forme, de la couleur ou de la
lumière, parce que ces ressources sont des dons également
précieux accordés par le Créateur à l'homme pour exprimer sa pensée, et, si notre faiblesse humaine ne permet
pas à un seul de profiter avec un succès égal de la totalité

de cet héritage, il faut au moins qu'il permette un partage afin que les parties dédaignées par lui ne soient pas frappées de stérilité.

A côté des exemples fournis par Giotto, Orcagna, Mazaccio, Pérugin, les modèles de la peinture monumentale et religieuse offerts à l'étude des artistes de nos jours, par Léonard de Vinci, Michel-Ange, Raphaël, le Titien et Paul Véronèse, peuvent également inspirer des œuvres dignes de décorer nos églises et de mériter une admiration qui serait sans réserve lorsqu'elles seraient appropriées à leur double destination, l'embellissement et l'enseignement. — Nos églises, si variées dans leurs formes, pourraient être ainsi décorées, et non pas seulement par des œuvres uniformes qui ne sont le reflet ni des aspirations de notre époque, qui, elle aussi, a bien le droit de laisser une trace, ni du caractère des temps qui les ont élevées.

On ne doit pas oublier que si les tendances actuelles vers la spécialité sont profitables et économiques dans la production industrielle, et par conséquent désirables pour l'ouvrier fabricant, il ne faut pas les étendre aux productions de l'art et paralyser la souplesse dont nos illustres devanciers nous ont laissé les fruits.—D'ailleurs, sans ambitionner la merveilleuse étendue de ces immortels génies qui réunissaient en eux toutes les branches de l'art et toutes ses expressions, on peut toujours, sans déserter des préférences permises, accorder une égale estime aux œuvres empreintes de styles différents. Il est sage et il est prudent de le faire, car l'inflexibilité des convictions et leur intolérance ont invariablement amené l'immobilité ou la décadence de l'art.

CHAPITRE III

DÉFENSE DE LA DÉCORATION DU PORCHE
DE SAINT-VINCENT-DE-PAUL.

§ Ier

C'est peut-être à l'inflexibilité des convictions personnelles et à l'intolérance des principes d'école que je pourrais attribuer la plus large part dans une décision qui a
détruit en un jour le fruit de plus de quinze ans d'études
persistantes. Mais avant d'émettre un doute sur une cause
trop ordinaire pour qu'elle soit étonnante, je me demande
encore si l'émotion profonde que j'ai ressentie de l'enlèvement imprévu des peintures de Saint-Vincent-de-Paul
ne m'avait pas aveuglé sur la sagesse de cet acte et si
je ne cédais pas plutôt à un sentiment d'amour-propre
qu'à une juste appréhension des conséquences immédiates
et des antécédents menaçants qu'il crée dans l'exercice des
fonctions de la commission des beaux-arts. J'ai déjà dit
que je ne le croyais pas.

J'ai précédemment puisé dans les exemples du passé la
certitude que les motifs de la réclamation du clergé ne s'ap-
puyaient pas sur la tradition de l'Église au sujet des images
religieuses ; que le principe de la peinture murale, *intus*

et foris, était en quelque sorte contemporain de l'origine de l'art; que si parfois la peinture monumentale et religieuse avait été soumise à la direction du clergé, cette direction avait été fatale à l'art; qu'au contraire l'art s'était relevé lorsque, débarrassé des liens qui retenaient la libre expansion des facultés individuelles, il s'était affranchi des formules banales que lui avaient inspirées des directeurs qui, en lui empruntant son langage, en méconnaissaient l'étendue et la variété; qu'enfin, à partir du moment de sa délivrance, la peinture murale, fidèle à ses principes généraux de grandeur et de dignité, avait dû varier ses expressions selon les aspirations personnelles de ceux qui la cultivaient.

J'en ai conclu que ce serait condamner l'art de nouveau à l'immobilité que de lui imposer une expression uniforme faussement ennoblie par les noms pompeux de style et de caractère monumental et religieux.

C'est en invoquant les exemples que j'ai voulu, non pas justifier une œuvre que le public n'avait pas encore condamnée, mais rappeler à la commission des beaux-arts les raisons qu'elle aurait pu invoquer pour éclairer le clergé sur la valeur et les conséquences de ses réclamations.

La commission s'en est abstenue, et mon titre de condamné sans défense m'autorise certainement, en l'absence de toute communication directe, à admettre un instant pour vrais les motifs de son jugement, et à rechercher ensuite dans l'origine et dans la cause d'une institution qui date de nos jours la nature de la mission et l'étendue des pouvoirs qui lui ont été conférés et l'usage qu'elle en a fait.

Je le ferai avec toute la réserve que m'impose mon respect pour le caractère et les talents de ceux que l'administration consulte, mais avec toute l'indépendance qu'on doit accorder à la sincérité de convictions exposées dans un but honnête.

§ II

Lorsque l'administration de la ville a conçu la généreuse pensée de donner à la peinture historique un refuge dans les églises, elle institua une commission des beaux-arts.

Cette mesure était sage et prudente, puisque les travaux qu'elle allait commander aux artistes avaient pour but de préserver la grande peinture de la décadence dont la menaçait un prochain abandon, en lui confiant l'importante mission de traduire dans de nobles pages les enseignements renfermés dans les livres sacrés.

La commission des beaux-arts avait donc été investie du soin de présider à la réhabilitation de la peinture murale, d'éclairer l'administration sur les projets d'embellissement des églises, sur les antécédents des artistes, sur le choix des sujets qu'il convenait de traiter, et enfin sur les dispositions générales des compositions qui, sous forme d'esquisses, étaient soumises à son examen.

Renfermée dans ces limites, l'institution d'une commission des beaux-arts était non-seulement utile, mais elle était indispensable, et je ne voudrais pas qu'on me supposât la pensée de méconnaître ses avantages ou de me révolter contre ses décisions antérieures. Mais on ne peut se dissimuler que l'extension nouvelle de ses pouvoirs est un danger pour l'art et pour les artistes jugés dignes d'une confiance précédemment méritée.

Sur la proposition, m'a-t-on dit, de l'un de ses membres, la commission des beaux-arts est désormais investie, non-seulement du droit de proposer l'acceptation ou le rejet des travaux exécutés, mais encore de celui d'en surveiller et d'en diriger l'exécution.

La première partie de cette proposition, qui assimile les productions intellectuelles aux productions mécaniques, pouvait, à la rigueur, naître dans un esprit étranger à la conception et à l'exécution des œuvres des arts libéraux. Entraîné par un amour excessif pour le droit commun, il avait oublié l'axiome : « *Summum jus summa injuria;* » mais il était présumable que ses confrères, mieux éclairés sur une distinction qui, sauf une opinion exceptionnelle, a toujours frappé tout le monde, ne l'auraient pas accueillie sans réserve. Il n'en a pas été ainsi, et, plus encore, sans réfléchir qu'au point de vue de l'équité, les deux droits renfermés dans la proposition s'excluent, la commission des beaux-arts a sanctionné cette extension en exerçant désormais des pouvoirs qui n'ont plus de limites. Ces prétentions sont exorbitantes parce que, par une contradiction flagrante, inexplicable, d'une part la commission invoque la responsabilité des artistes pour rejeter leur ouvrage, tandis que de l'autre elle fait réellement disparaître cette responsabilité en leur imposant des modifications qui leur sont étrangères et qu'ils peuvent, dans certains cas, juger nuisibles à l'œuvre revêtue de leur nom. Ces prétentions nouvelles compromettent en outre l'intérêt pécuniaire et la considération des artistes, troublent le calme, la sécurité, la confiance indispensables, leurs confrères ne l'ignorent pas, à l'exercice de l'art; elles torturent les pensées, les aptitudes, éteignent les lueurs imprévues, effacent les individualités, et, par ces considérations qu'il suffit d'indiquer, atténuent ou stérilisent les résultats que l'administration s'était proposé d'obtenir.

Ces accusations sont bien graves, je ne l'ignore pas, mais c'est justement à cause de cette gravité que je crois devoir ici rechercher dans l'analyse des éléments constitutifs de la commission des beaux-arts les causes d'un résultat dont on ne peut supposer qu'elle ait entrevu la portée.

Qu'on me permette donc une rapide étude qui n'a rien d'offensant pour elle, puisqu'elle s'étend à toutes les commissions en général. C'est surtout dans les commissions chargées de résoudre les questions de l'art que naissent les dangers que je viens d'indiquer. Je n'en invoquerai d'autres preuves que les dissidences innombrables et constantes qu'on remarque dans les jugements exprimés à propos des productions de l'art. Sur presque tous les points on pourrait dire avec justesse « *grammatici certant,* » et ce n'est pas sans raison que ces jugements contradictoires étonnent si souvent le public et jettent dans son esprit des incertitudes sur la valeur réelle des œuvres diversement appréciées ou sur celles des jugements eux-mêmes. Cependant, on n'en doute pas, ces opinions parfois diamétralement opposées sont sincèrement émises. Mais comme les qualités de l'art sont multiples, qu'elles ne se trouvent jamais réunies, même dans les chefs-d'œuvre, et que, d'ailleurs, ces qualités ne sont pas soumises à des règles précisément rédigées, chacun, séduit par ses aptitudes individuelles ou par ses préférences pour telle ou telle expression de l'art, admire particulièrement, c'est-à-dire à l'exclusion des autres, les qualités qui reproduisent ou qui éveillent en son esprit les sensations les plus conformes à son goût. On comprend bien que je distingue ici des règles élémentaires enseignées dans les écoles les principes qui résultent de l'étude des œuvres qui, quoique très-diverses, sont, par l'approbation des siècles, reconnues magistrales. Ainsi donc, les dessinateurs et les coloristes, pour renfermer dans une division générale les nuances des écoles et des genres, conviendront que les maîtres dont la postérité a proclamé les mérites sous le rapport du dessin ou de la couleur ont droit à l'admiration ou du moins au respect ; mais les premiers ne seront pas touchés d'une œuvre contemporaine qui se distinguerait particulièrement par des qualités qui ne leur sont pas sympathiques, tandis que les seconds n'accorderont qu'une médiocre estime à l'œuvre d'un dessinateur, quelque savant qu'il soit, parce qu'il aura négligé de l'embellir des charmes auxquels ils accordent une préférence qui, trop souvent, devient partiale. Dès lors, de deux juges supposés également compétents dans la question de l'art, résulteront inévitablement deux appréciations opposées.

Ces dissidences n'ont qu'une médiocre importance lorsqu'elles ne sortent pas des salons ou des ateliers, parce que chacune des opinions émises y rencontre des partisans et que la lutte qui s'établit entre eux en neutralise les fâcheux effets. Mais il n'en est pas de même lorsque les chefs ou les sectateurs d'une école sont investis d'un pouvoir judiciaire, parce que les croyances dans l'art sont aussi intolérantes et aussi exclusives que les croyances politiques ou religieuses, parce que leur expansion ne peut être limitée par des principes qui, ainsi que je l'ai déjà dit, n'ont jamais été légalement formulés et que les jugements prononcés par une commission sont pour ainsi dire sans appel.

Mais, dira-t-on, l'administration n'a pas de parti pris dans les hautes questions de l'art; elle choisit indistinctement les membres des commissions ou des jurys parmi les artistes les plus éminents et n'élimine pas préventivement les doctrines de ceux que des succès précédents ont rendus dignes de sa confiance. Il n'en est pas moins vrai que devenus justiciables d'un tribunal tout-puissant dont les jugements sont dictés par une majorité que le hasard a formée de convictions diverses et dont le poids est égal dans l'urne du scrutin, les artistes sont exposés, suivant l'absence ou la présence de tels ou tels membres, à des décisions variables du jour au lendemain. De la conformité des doctrines adoptées par la pluralité des membres présents dépendra le choix de l'artiste, l'acceptation ou le rejet de ses travaux, et c'est déjà bien grave; mais il faut bien le reconnaître, cela est inévitable, à moins d'une révision qui déplacerait la majorité ou qui en modifierait l'expression, ce qui ne se fait pas d'ordinaire.

Mais ce n'est pas tout encore. Du droit nouveau de surveiller et de diriger les artistes pendant le cours des travaux commandés par la ville naissent des difficultés qui deviendraient insurmontables sans une certaine complaisance que souvent efface ou seulement amoindrit une résistance instinctive à des exigences qu'un auteur estime dangereuses ou que parfois il ne comprend pas, parce qu'elles sont en dehors de sa pensée, de sa conviction ou de ses aptitudes, car il est ou dessinateur ou coloriste, il appartient à telle ou telle école.

Ainsi, dans un cas donné, je ne suppose pas, je raconte, la commission des beaux-arts délègue une sous-commission qui se présente dans l'atelier d'un artiste dont les esquisses ont été approuvées : en présence de son œuvre en cours d'exécution, elle juge que de nouvelles modifications sont utiles; chaque membre émet une opinion personnelle; l'un préfère un autre choix dans le caractère du dessin adopté par l'artiste, ou parce qu'il lui est familier, ou parce qu'il le croit plus conforme au sujet et à sa destination; l'autre indique à l'avance une coloration définitive pour les figures ou pour les fonds; aucun détail n'échappe à des observations différentes ou seulement nuancées, mais il importe peu de les faire concorder. Ce ne sont que des conseils exprimés avec un doute obligeant, avec des termes polis et pleins d'égards pour un confrère qu'on quitte en lui laissant la latitude d'en faire ou non son profit, ou de concilier des avis qui parfois sont inconciliables. Mais bientôt arrive un rapport sanctionné par l'administration où les avis réunis dans un résumé confus prennent un caractère de blâme et d'injonction sévère qui ne laisse à l'artiste étonné que le choix ou d'abandonner son travail, ou de livrer son succès au hasard d'une interprétation incertaine, si elle n'est impossible.

L'illustre maître dont j'eus le bonheur de recevoir des leçons disait, en faisant allusion aux conceptions trop faciles : « On n'improvise pas des images sacrées. » Mais n'est-ce pas courir le risque de donner à une œuvre longuement réfléchie le caractère de l'improvisation que de substituer aux laborieuses études des conseils donnés en moins d'un quart d'heure par des esprits différents?

Certainement, je ne l'ignore pas, lorsque l'œuvre terminée est soumise, en vertu d'une loi nouvelle, au jugement qui prononce son acceptation ou son rejet, le souvenir de ces conseils s'est le plus souvent effacé, ou, s'il en est autrement, les yeux des *conseilleurs* se ferment sur les traces d'une indécision que son auteur ne pouvait éviter, et dont tout bas ils reconnaissent la cause. On accepte officiellement le travail, on le paye; mais est-ce donc là le seul but qu'un artiste se propose, et la rémunération pécuniaire lui fait-elle oublier les soucis, les chagrins, les doutes nouvellement attachés par la commission des beaux-arts à la noble profession qu'il avait embrassée? Non, certainement; car cette profession, qui permet la manifestation des impressions individuelles des esprits pour les répandre utilement au dehors, a été profondément altérée. Aucun artiste ne le niera, aucun esprit réfléchi ne sera tenté d'en douter.

C'est donc avec raison que je dis : Il est bien rigoureux le droit, qui n'est limité que par des considérations bienveillantes, d'accepter ou de rejeter une œuvre dont la pensée primitive et l'auteur ont été préalablement discutés; il est exorbitant celui, non plus de conseiller, mais celui d'imposer dans une œuvre l'immixtion d'impressions étrangères dont la responsabilité est attribuée, non-seulement par les contemporains, mais par une postérité future, à qui l'a revêtue de son nom. En un mot, il est souverainement injuste ce droit qui permet de condamner un travail auquel ont réellement contribué ses juges. Tout cela me fait dire que la décision qui a donné le droit de détourner la séve dont la libre circulation a nourri jusqu'à ce jour les plus beaux fruits de l'art est déplorablement regrettable.

Je ne voudrais pas épuiser toutes les réflexions que suggèrent les nouvelles attributions de la commission des beaux-arts, mais, cependant, l'usage qu'elle en a fait au sujet des peintures de Saint-Vincent-de-Paul ne me permet pas de garder le silence sur les abus qui s'en autoriseraient.

Jusqu'à présent les productions de l'art étaient tacitement distinguées par les esprits délicats des productions industrielles : il n'en est plus de même si les artistes eux-mêmes les ont soumises aux mêmes lois : livrées sur commande ou acquises, elles deviennent, entre les mains des acquéreurs, des propriétés ordinaires dont ils peuvent disposer et user à leur gré. Cependant il est incontestable, au point de vue de la raison, que les produits de l'art diffèrent essentiellement des produits mécaniques, et que si, au point de vue légal rigoureusement appliqué, ils étaient abandonnés aux caprices de leurs détenteurs légitimes, ils étaient au moins protégés par un sentiment naturel de respect qu'entretenait celui du public. Mais en présence de l'abandon que la commission semble faire de cette distinction, on n'ose pas songer à l'abus d'un droit qu'elle réclame, et qui, par une déduction judaïque d'une opinion émanée des artistes eux-mêmes, livrerait sans défense les chefs-d'œuvre de l'art tombés dans une possession ignorante ou fantasque.

Mais sans étendre aussi loin les appréhensions qu'autoriseraient cependant de nombreux exemples de substitutions, d'additions, de mutilations, de destructions commises impunément au sujet des œuvres de l'art, on peut au moins redouter pour les œuvres modernes les conséquences d'un précédent créé par l'usage que vient de faire la commission des beaux-arts de ses nouveaux pouvoirs contre les peintures de Saint-Vincent-de-Paul.

Je regrette d'invoquer un exemple qui me touche personnellement, mais il n'y en a pas encore d'autres, et je ne puis m'en dispenser.

A la gêne que les nouveaux pouvoirs de la commission des beaux-arts ont apportée pendant l'exécution d'une peinture dans laquelle un procédé inconnu, ou du moins inexpérimenté par les membres de la commission, était en quelque sorte une première fois mis en œuvre, il faut encore ajouter l'incertitude incessante d'une succession de jugements auxquels sont désormais soumises les questions et les œuvres de l'art.

Le premier, prononcé en 1844, avait décidé l'adoption de la peinture murale extérieure; le second, quatre ans plus tard, sur l'examen d'une première épreuve, avait reconnu l'excellence des moyens d'exécution employés.

Une interruption de huit ans avait permis de juger de l'effet de la peinture extérieure et de la résistance du procédé mis en œuvre contre les morsures du temps, et les deux premiers jugements se trouvaient confirmés par un troisième qui ordonna la continuation de la décoration entreprise.

Dès lors il était au moins présumable que les deux questions, la peinture extérieure et l'emploi de la peinture en émail sur lave, étaient désormais résolues, et que l'auteur pouvait avec sécurité accepter un travail important destiné à assurer à un principe de l'art trop longtemps discuté une durée qui, selon ses derniers adversaires, pouvait l'autoriser.

L'auteur présente ses esquisses; elles sont amendées, présentées de nouveau et définitivement adoptées. Il se met à l'œuvre; mais, pendant le cours de ses travaux, la commission des beaux-arts s'attribue de nouveaux pouvoirs, et bientôt elle en fait l'épreuve.

Une sous-commission se présente dans l'atelier de l'artiste, l'interroge sur le procédé nouveau, sur la méthode qu'il suit pour le mettre en œuvre, sur le résultat qu'il en attend ; cette visite inaccoutumée n'a d'autre caractère que celui d'une conversation où chacun émet un avis. La sous-commission se retire en donnant à l'artiste des témoignages de politesse et de bienveillance et ne formule pas d'observations.

L'artiste se remet avec confiance au travail ; un mois s'écoule, et au bout de ce temps un jugement lui est notifié sous forme d'un rapport, dans lequel on lui reproche de compromettre l'avenir d'une découverte précieuse, qui pourtant aurait péri sans lui. Lorsque l'œuvre est terminée, la commission se présente une autre fois plus nombreuse et reconnaît au moins verbalement que l'artiste s'est conformé aux avis précédemment donnés et, qu'au point de vue du procédé, il a dépassé les espérances qu'on en avait conçues ; que dès lors il y avait lieu de mettre en place la décoration de Saint-Vincent-de-Paul.

Malgré le trouble et les inquiétudes que devaient apporter dans l'esprit de l'artiste la mobilité de ces décisions et les exigences incertaines, variables et pourtant impérieuses de la commission, l'œuvre était arrivée à son terme, elle avait reçu sa destination, et l'auteur allait enfin trouver le repos que quinze ans de travaux et d'efforts incessants avaient rendu nécessaire et que semblait lui promettre un jugement définitif.

Il le croyait du moins ; mais, ainsi qu'on l'a vu, une observation du clergé provoqua un nouveau jugement de la commission des beaux arts, et la commission des beaux-arts sans égard pour sa décision précédente, pour les considérations fondées sur les traditions de l'Église, sur les avis d'un membre du clergé qui faisait partie d'elle-même, sur l'espèce de collaboration dont elle devait réclamer la responsabilité, puisqu'elle l'avait imposée à l'auteur, conseilla à l'administration de faire déposer les peintures de Saint-Vincent-de-Paul.

Sont-ce bien là les fruits que l'administration bienveillante attendait de l'institution de la commission des beaux-arts en lui confiant le soin de l'éclairer sur les intérêts de l'art et certainement aussi sur celui des artistes ?

Tant que la commission des beaux-arts s'était renfermée dans les limites de ses premières attributions elle avait pu s'en applaudir. L'art monumental progressait, nos églises s'embellissaient d'œuvres dignes d'un pays qui s'enorgueillit à juste titre de sa primauté dans les arts, parce que les artistes, travaillant sous la fructueuse influence de la responsabilité de leurs œuvres, étaient excités non-seulement à justifier la confiance acquise par leurs travaux antérieurs, mais parce qu'ils étaient animés de la noble ambition de mériter plus encore les applaudissements du public. Mais en franchissant les bornes d'un pouvoir salutaire lorsqu'il est sagement exercé, la commission des beaux arts n'a certainement pas réfléchi que l'art s'étiole et s'éteint dans un maillot trop serré, et que les artistes étouffent dans les étreintes incessantes du doute sur leur aptitude et des anxiétés sur la destinée de leurs œuvres.

L'enlèvement des peintures de Saint-Vincent-de-Paul est, dit-on, un fait exceptionnel ; il n'avait pas d'antécédent, il ne se renouvellera pas, et, par conséquent, il n'entrainera pas les conséquences qu'on a présentées si fatales pour l'avenir de l'art et pour celui des artistes. On me permettra d'en douter.

Il n'est pas dans l'esprit humain de dessaisir un pouvoir précédemment exercé, alors que ce pouvoir existe ou qu'on espère l'établir, et ni la commission ni le clergé n'abandonneront une influence autorisée par un fait accompli.

Mais ce fait est exceptionnel : je ne veux ni ne dois le croire, car, dans ce cas, il me faudrait soupçonner qu'une cause toute personnelle en a déterminé l'accomplissement. Mais quelle que soit cette cause, elle n'en a pas moins été l'occasion, d'exclure du domaine de l'art la peinture extérieure et un procédé merveilleux, d'introduire une surveillance fatale dans la retraite du travail, d'imposer une direction despotique aux œuvres de l'art et à ceux qui les font, et de jeter un doute incessant sur les résultats de jugements mobiles au sujet des antiques droits, ou si l'on veut, des coutumes fondées sur la considération et l'estime pour ceux dont les travaux apportent bien aussi une part dans la gloire des nations.

Quelles que soient les dénégations qu'on opposerait à ce que je viens de dire, il n'en résulte pas moins que la loi commune a bien souvent gardé le silence sur les questions qui concernent l'art et ses productions, et que, dans bien des cas, ce n'est que par l'expédient des expertises qu'elles sont résolues. Mais cet expédient sera-t-il nécessaire aujourd'hui qu'un corps officiel composé d'artistes choisis parmi les plus éminents, a confondu dans un droit commun les productions de l'art et celles de l'industrie, la possession d'objets qui, par leur nature, intéressent parfois tout autant tout le monde que celui qui les a acquis et la possession des autres choses purement matérielles qui ne touchent que celui qui les a ?

Je ne voudrais pas, à propos de cette confusion, m'écarter d'un sujet déjà trop chargé d'incidents, mais je rappellerai en un mot que les efforts pour l'introduire, il y a quelques années, dans la loi de la propriété littéraire et artistique, ont révélé les causes d'une distinction qu'un sentiment naturel avait constamment respectée, et qu'en présence des difficultés qu'offrait la solution d'une question aussi délicate, la loi n'a pas été votée.

Cette question était donc encore indécise, et la commission des beaux-arts n'a peut-être pas songé qu'elle l'avait résolue au détriment de l'art et des artistes. En veut-on un exemple ?

Je suppose qu'un fait semblable à celui de l'enlèvement des peintures de Saint-Vincent-de-Paul se produise dans des conditions analogues.

Un artiste est chargé d'un travail également destiné à la décoration d'un monument public : aux termes de sa commande, il devra mettre en œuvre un procédé utile dont l'exemple est nouveau et se conformer aux conditions ordinaires d'examen et d'approbation des esquisses par une commission des beaux arts.

En ce qui le concerne, il aura rempli les obligations imposées dans son contrat et l'œuvre acceptée aura reçu sa destination.

Mais par une cause à laquelle il est étranger, et dont on ne daigne pas l'informer, on la fera tout d'un coup disparaître.

Mais si l'artiste n'est pas un vil instrument, une machine, un outil dont on brise impunément le produit, ne doit-il pas tenter de se défendre ? Serait-ce contre la commission ? Mais la commission n'a pas de pouvoir exécutif; elle a donné son avis, comme c'était son devoir et son droit, et son avis ne relève que de sa conscience et son droit d'un pouvoir qui lui a été conféré? Serait-ce alors contre l'administration? Mais l'administration n'a fait que suivre l'avis de la commission instituée tout exprès pour l'éclairer.

Pourrait-il au moins s'adresser aux tribunaux ordinaires? Mais c'est en vain qu'il dirait : « Confiant dans les termes de la commande d'un travail qui puise son importance dans une destination spéciale et clairement exprimée, je l'ai accepté parce que la place qu'il devait occuper et la ressource nouvelle dont il offrait un exemple atteignaient enfin un double but utile que j'avais depuis longtemps poursuivi. Je m'étais soumis à toutes les exigences de la commission des beaux arts, ainsi que l'avait commandé l'administration qui m'avait chargé de ce travail; j'avais, sous le rapport des moyens d'exécution employés, dépassé les espérances qu'on en avait pu concevoir; j'en avais au moins reçu l'assurance, et, à défaut de preuves écrites, j'invoque à l'appui de ces assertions le fait même d'une mise en place publiquement opérée.

» Mais en faisant plus tard enlever cet ouvrage pour ainsi dire à mon insu, on m'a privé, sinon du salaire convenu, d'un supplément moral que les artistes attendent toujours de l'opinion du public contemporain et futur.

» Le silence gardé sur les motifs de cet acte a compromis mon honneur, ma considération et stérilisé les fruits mûris par d'opiniâtres travaux. Artiste, je ne reconnais pas l'assimilation qui semble avoir été faite des productions de l'art et de celles de la mécanique, et je dis que l'interprétation du public, laissé dans l'ignorance des causes qui ont amené la disparition de mon œuvre, donne à cet acte le caractère d'une condamnation et porte ainsi à mon nom et à la confiance qu'il pourrait inspirer un préjudice incontestable. — Je ne vous demande pas d'indemnité sous forme de dommages-intérêts soldés en écus sonnants, mais je vous adresse ma plainte afin que dans votre sagesse et dans votre équité vous trouviez un moyen d'affranchir mes confrères d'un précédent qui laisse leur honneur sans défense. »

Le tribunal évidemment répondra : « Vous avez reçu le salaire consenti d'un commun accord pour l'exécution de votre travail, et la livraison que vous en avez faite transmet à l'acquéreur tous les droits et les bénéfices de la propriété ; il peut donc, à son gré, en faire l'usage que bon lui semble.

» En ce qui concerne sa destination, vous n'en avez pas fait une clause expressément exprimée, et le détournement qui en a été fait ne peut être le motif d'une réclamation fondée sur un préjudice contre lequel vous avez négligé de vous garantir ; quant aux considérations que vous puisez dans la nature spéciale de l'objet livré, la loi ne les a pas prévues, et d'ailleurs, un précédent établi par la décision d'une commission composée d'artistes éminents, et dont comme telle nous devons reconnaître la compétence, a résolu cette question contrairement à votre opinion. En conséquence, nous ne pouvons rien pour vous. »

Je n'insiste pas sur les arguments qui pourraient être développés dans une plaidoirie en appel ; les artistes sont généralement peu processifs ; mais je m'en réfère seulement aux anxiétés d'un artiste qui, pendant tout le cours de l'exécution de travaux commandés, serait préoccupé des incidents qui l'obligeraient à réclamer l'assistance de la loi pour protéger l'avenir de son œuvre.

Cette ressource extrême serait un scandale pour le

public; elle apporterait un trouble incessant dans des esprits dont les enfantements laborieux exigent le calme, le repos et le recueillement.

Dans les circonstances où je me suis trouvé, je n'ai pas eu la pensée de recourir aux tribunaux, mais ayant été, malgré moi, le prétexte de précédents dangereux, j'ai été, également malgré moi, entraîné à en interroger les suites et à m'en justifier aux yeux de mes confrères, et je leur dis : Non, ce n'est pas sous l'influence d'un amour-propre blessé que je tente de déduire les conséquences des décisions de la commission des beaux-arts et de la nouvelle extension de ses pouvoirs; non, ce n'est pas la perte d'une orgueilleuse indépendance dans la conception et l'exécution de mes œuvres qui me fait signaler le danger d'une surveillance soupçonneuse, étroite, humiliante et parfois mortelle; non, ce n'est pas un esprit de révolte contre un pouvoir dont je reconnais, dans une certaine mesure, le besoin, qui m'a inspiré les réflexions qui précèdent sur les causes des incertitudes et des tergiversations auxquelles sont exposés les jugements sur les questions et sur les œuvres de l'art; non, ce n'est pas le ressentiment du préjudice que j'ai encouru, des anxiétés que j'ai souffertes, des découragements qui ont failli me faire abandonner une entreprise que sincèrement je crois utile, qui m'ont fait braver le danger et les ennuis d'une défense personnelle, c'est parce que toutes les conséquences, que je n'ai pas encore épuisées, menacent réellement l'intérêt de l'art et celui de mes confrères, et que cette double considération m'en a fait un devoir.

§ III

La peinture extérieure des monuments vient d'être exclue par une commission des beaux-arts qui l'avait précédemment admise. Cette grave question, tranchée tout d'un coup, mérite cependant d'être méditée.

Je rappellerai donc son origine probable et sa raison d'être, et je le ferai en peu de mots, afin de ne pas fatiguer mes lecteurs, dont je dois encore réclamer l'indulgence en faveur du procédé destiné à garantir les œuvres contre les injures du temps.

La peinture extérieure des édifices a dû prendre naissance en même temps que la poésie a pénétré dans le cœur des hommes. Comparable au manteau de fleurs dont à son réveil se couvre la nature, elle devait naître dans les contrées où Dieu avait placé le berceau de l'humanité et bientôt de la civilisation ; révélée sans doute par le souvenir des lianes fleuries qui festonnaient les premières demeures des hommes, et plus tard par les guirlandes dont ils ceignaient les temples de la Divinité aux jours de fête, elle avait répandu la joie de ses couleurs sur les monuments de l'Assyrie, de la Médie, de l'Égypte, de la Grèce, de la Sicile et de l'antique Italie, et lorsque les hordes barbares et les invasions politiques eurent broyé ces belles patries de l'art, leurs jeunes héritières, Byzance et l'Italie moderne, fidèles aux devoirs imposés à l'humanité de recueillir les traces des progrès antérieurs et de les faire fructifier, régénérèrent la peinture extérieure. Elles substituèrent le procédé de la mosaïque aux matières fragiles adoptées par des prédécesseurs immédiats qui, moins prudents qu'elles, dédaignèrent les ressources dont l'extrême Orient, pendant sa civilisation naissante, avait laissé des exemples cités par le père de l'histoire, et dont les fragments retrouvés de nos jours sont précieusement abrités dans notre musée assyrien.

Mais le travail lent, pénible et coûteux qu'exige l'assemblage d'un nombre infini de petits cubes de verre pour remplacer la peinture en émail au pinceau des peintres assyriens, devait, sinon paralyser la peinture extérieure, du moins en limiter les œuvres, et, malgré leurs louables tentatives, Byzance et l'Italie durent le plus souvent recourir à la fresque qui, de même que les procédés de la Grèce, ne nous a transmis que des traces à peine apparentes de la coloration des monuments.

La fragilité du moyen porta un coup funeste à la peinture extérieure, elle fut abandonnée, et les yeux, habitués à la triste nudité des murs, cessaient de réclamer des jouissances dont le souvenir s'était éteint.

Cependant il était réservé à la France de découvrir le secret d'éterniser les œuvres de la peinture et par conséquent de revêtir de nouveau des édifices depuis longtemps monotones et muets d'une enveloppe éloquente qui, bravant les injures du temps, aurait sur nos églises rappelé aux fidèles, en traits indélébiles, les pages immortelles de nos livres sacrés et sur les monuments civils la glorieuse histoire d'un peuple dont le souvenir ne doit pas s'effacer.

Ainsi pendant que l'active intelligence de ce peuple, qui est nous, préparait l'avénement d'une époque si féconde qu'elle semble dédoubler le temps, pendant que s'accumulaient les éléments d'une inépuisable industrie, deux modestes artistes enrichissaient l'art qui les comptait à peine parmi ses disciples, et le procédé de la peinture sur lave sortait de leurs humbles ateliers pour transmettre à la postérité l'image de splendeur et de gloire qui s'épanouissait sous nos yeux, et pour ranimer en même temps dans une éternelle jeunesse les chefs-d'œuvre des temps passés.

L'avènement de la peinture en émail sur lave était donc le signal de la résurrection de la peinture extérieure, et ce signal l'administration de la ville l'avait entendu.

§ IV

Je ne raconterai pas ici l'histoire seulement indiquée plus haut de la découverte de la peinture en émail sur lave, qui peut-être bientôt va périr ; je le ferai certainement un jour, mais, pour le moment, je me borne à dire que pendant dix-sept ans les espérances conçues à sa naissance n'étaient que des illusions et que son agonie prolongée jusqu'à ce jour, c'est-à-dire pendant plus de trente ans, par des promesses oublieuses, semble ne devoir finir qu'à sa mort qui sera prochaine par la faute de la commission.

Moins heureuse que ses sœurs jumelles, la vapeur et l'électricité, elle va disparaître, parce qu'au lieu d'apporter dans les plis de sa robe le charbon et le feu, les sels et les métaux, elle n'en laisse échapper que des trésors qui ne s'inscrivent pas sur un livre de caisse.

Cependant deux fois elle avait été accueillie par une administration qui comprenait mieux que les esprits vulgaires l'action de l'art sur une civilisation qu'elle dirige, et elle venait d'être appelée à donner de nouveaux témoignages de sa juste valeur.

Ainsi que je l'ai dit plus haut, la commission des beaux-arts consultée fut d'avis de tenter un essai de l'étendue des ressources dont elle s'était enrichie depuis peu, et, peu de temps après, un fragment assez considérable d'une décoration murale fut exposé aux yeux du public. C'était le tableau de la Trinité, c'est-à-dire le premier chapitre de l'histoire sainte écrite sur les murs de Saint-Vincent-de-Paul.

Après dix années d'épreuves, et cette fois encore sur l'avis de la commission, la continuation de ce travail fut reprise et la peinture en émail sur lave étendait, il y a quelques jours à peine, sous le porche sacré ses riches et impérissables couleurs. Elle offrait à ses adversaires, ou pour ne pas être trop sévère, à ceux qui doutaient d'elle, un exemple triomphant, et le pays qui l'avait vue naître pouvait encore ajouter à ses nombreuses gloires celle que les nations éclairées avaient vainement poursuivie, c'est-à-dire, la gloire de transmettre à la postérité la plus reculée les chefs-d'œuvre de la peinture, abrités cette fois non pas sur une immortalité fondée sur la fidélité des souvenirs, mais sous une immortalité réelle.

Sans doute ni l'immortalité des souvenirs, ni l'immortalité de la matière ne sont pas de ce monde, et les hommes ainsi que leurs ouvrages passeront ; mais, si dans les débris qui résistent au temps, nous recueillons avec reconnaissance et pour les féconder les germes des progrès éclos autrefois, nos successeurs, en fouillant le sol que nous avons enrichi, recueilleront avec une même reconnaissance les traces profitables, conservées par une matière fidèle, d'une civilisation qui, avant de s'éteindre, a laissé sur des fragments épars l'étincelle qui doit rallumer le flambeau d'une autre civilisation renaissante, et cette alternative incessante de mort et de résurrection est la seule immortalité permise sur la terre.

Ainsi donc par la peinture en émail sur lave, la France, en subissant à son tour cette implacable condition, ne laisserait plus seulement aux arts de l'avenir, pour s'en servir d'exemple, les œuvres que la pierre, le marbre, le bronze et le verre nous ont transmises à nous-mêmes, mais celles qui ne pouvaient s'abriter avant elle sous une semblable protection, et les trois sœurs, l'architecture, la sculpture et la peinture, jusqu'alors inégalement partagées, et cette fois réunies dans l'accomplissement d'une même œuvre, attesteraient l'ancienne alliance dont beaucoup d'entre nous ont douté.

D'autre part, si nous plaçons dans nos musées avec reconnaissance et orgueil, au-dessous de leurs œuvres, les noms d'Ictinus et de Phidias, autant parce qu'ils sont nos guides que parce qu'ils sont nos illustres ancêtres, ce n'est que dans le souvenir que nous gardons celui d'Apelle, dont les travaux ont disparu. Cette lacune est irréparable et nous la déplorons; ne souffrons pas alors que cette place reste vide dans les musées futurs, puisque nous pouvons la combler, mais au contraire faisons en sorte que nos successeurs puissent dire, en présence de cette trinité de l'art : La France était riche, puissante et belle, les traces de ses voies innombrables qui sillonnent encore son sol, de ces ports qui bordent ses rivages, de ces monuments tombés qui marquent la place qu'occupaient ses immenses cités, ces fragments qui portent la trace de ses goûts délicats, attestent l'étendue d'un génie qui non-seulement avait développé les germes trouvés dans le passé, mais qui en enfantant et dirigeant à la fois les éléments de la force, de la prospérité matérièlle, avait encore satisfait aux plus nobles aspirations de l'art, en complétant les ressources léguées par ses devanciers.

Mais la commission des beaux-arts, dédaignant ces ressources, n'a pas voulu qu'il en fût ainsi, ou du moins elle n'a pas cru que ses actes auraient ce résultat. Mais je l'ai dit et je l'affirme de nouveau, la peinture sur lave va bientôt disparaître, et si quelques indices échappés à un imprudent ostracisme révèlent l'insouciance de la France à l'égard d'un progrès profitable aux œuvres du génie, nos successeurs se contenteront de dire : la France avait su augmenter ses trésors et sa force; mais son activité industrielle, absorbant son génie, avait éteint le feu sacré qui fit naître dans le cœur de l'homme l'amour de l'art dont elle avait méconnu les bienfaisantes émotions.

Sommes-nous donc arrivés déjà à cette période de l'âge où le cœur ne bat plus? à cet âge où ses mouvements se concentrent dans un amour exclusif de la matière, triste amour qui fut le précurseur de la décadence des peuples qui autrefois, brillant comme nous, ont passé comme nous passerons un jour? Il serait affligeant de le croire, plus affligeant encore d'attribuer à l'insouciance et peut-être à une intolérance de doctrine qui, comme toutes les doctrines exclusives, ne sont que passagères, la perte d'une découverte qui assurait à la France une gloire que voulait protéger une administration gardienne de tout ce qui jette un éclat sur notre beau pays.

Qu'on me pardonne un langage qui sera peut-être taxé d'exagération; mais quels que soient les prétextes ou les motifs de l'exclusion de la peinture en émail sur lave et de la décoration des monuments, ils auraient dû s'effacer devant des considérations de ce genre.

CONCLUSION

Si la commission des beaux-arts est réellement convaincue de l'inutilité de la peinture en émail sur lave, ne
pouvait-elle pas, lorsqu'elle fut consultée une première fois
sur l'opportunité de son introduction dans les œuvres de
la peinture, répondre à l'administration :

« Vous nous proposez l'adoption d'un procédé nouveau ;
ce procédé assurerait, il est vrai, aux œuvres de la peinture une durée qui leur manque, ou qui du moins est limitée, il permettrait l'emploi de la coloration extérieure
et par conséquent la décoration par des sujets historiques de la façade des monuments, mais il troublerait
les habitudes des artistes, peintres ou architectes. Les
moyens dont nous avons disposé ont suffi à notre gloire ;
ils suffiront à celle de nos successeurs, et dans notre sollicitude pour leur repos, dont trop jeunes ils ne connais-
sent pas les bienfaits, nous vous conseillons d'abandonner

à l'industrie, qui ne se trouble pas du progrès, les bénéfices d'une invention qui réserve à des productions secondaires une inaltérabilité que nous jugeons inutile aux œuvres de la peinture ; l'abri que ces œuvres précieuses trouvent dans nos édifices et dans nos musées, les restaurations successives qui guérissent leurs blessures et soutiennent leur caducité en prolongent suffisamment l'existence ; nous faisons en cela ce que jusqu'à ce jour ont fait nos pères, et il ne nous paraît pas nécessaire que nous fassions au delà. Quant à la peinture extérieure, elle n'est pas dans nos usages, et nous ne croyons pas qu'il soit besoin de l'y introduire. »

Mais ou la commission n'a pas osé s'exprimer ainsi, ou elle ne pensait pas alors ce qu'elle a pensé depuis.

Elle avait, au contraire, applaudi aux intentions de l'administration, et si par une réserve prudente elle avait conseillé de soumettre la peinture sur lave à un essai préalable de ses ressources nouvellement acquises et de sa résistance déjà connue, elle n'a pas hésité, après huit ans d'épreuves qui probablement lui avaient paru concluantes à engager l'administration dans une dépense considérable pour continuer une décoration extérieure projetée par le successeur de l'architecte qui posa les premiers fondements de l'église de Saint-Vincent-de-Paul.

Elle n'a pas hésité non plus à approuver les efforts de l'artiste qui avait non pas inventé, mais réuni les éléments d'un travail qui puisait son importance autant dans un exemple d'un procédé riche et durable que dans celui de la peinture extérieure déjà éprouvée dans la décoration du porche de Saint-Germain-l'Auxerrois, décoration certainement réussie au point de vue de l'art, et qui ne laissait à regretter pour son avenir que la fragilité des procédés d'exécution dont la peinture en émail sur lave devait enfin l'affranchir.

Ainsi donc les intentions de la commission des beaux-arts étaient conformes à celles de l'administration : l'adoption de la décoration extérieure des monuments, l'introduction dans l'art de la peinture du procédé de la peinture en émail sur lave. Sur ces deux points le doute est impossible.

Et pourtant cette même commission non-seulement a conseillé de détruire une œuvre unique, je ne dirai pas en France, mais dans le monde entier, qui attestait l'alliance de l'architecture et de la peinture inscrite sur une matière qui devait survivre au temps, mais encore elle a ressoudé les anneaux de la chaîne qui, pendant des siècles obscurs, avait si longtemps retenu la peinture dans un mortel esclavage.

Pourquoi ? Serait-ce donc parce qu'en conseillant l'adoption de la peinture extérieure elle n'en avait pas prévu l'effet, parce que la peinture en émail sur lave était impraticable, ou parce que celui qui fut chargé de la mettre en pratique avait, pour conserver ses mérites, sacrifié l'art à la matière, et que dès lors son œuvre n'était pas telle que l'administration, précédemment éclairée par ses antécédents, avait droit de l'attendre de lui ? Serait-ce enfin parce qu'il s'était soustrait à quelques-unes des conditions qui lui avaient été imposées ?

Certainement, elle n'aurait pas invoqué ces motifs sans s'accuser elle-même de légèreté dans ses approbations antérieures, ou sans adresser à l'artiste des reproches sur des fautes dont elle ne l'a pas accusé.

Elle a gardé le silence envers lui et elle a agi.

On a vu l'origine de cette déplorable affaire : c'était une observation de quelques consciences ignorantes et timorées à l'excès ; cette observation n'avait frappé ni l'esprit du prêtre appelé dans le sein de la commission chargée de surveiller les œuvres de l'art, ni les yeux des membres supérieurs du clergé de Saint-Vincent-de-Paul, qui avaient vu l'œuvre avant sa mise en place, mais recueillie par un prédicateur, et révélée du haut de la chaire, elle était devenue un sujet de scandale, et les fidèles effrayés avaient déposé leurs plaintes et leurs lamentations aux pieds d'un prince de l'Église, et le prince de l'Église, ému, les avait transmises au premier magistrat de la ville, qui lui-même en avait renvoyé l'examen à la commission des beaux-arts, et la commission des beaux-arts a conseillé d'effacer la décoration qu'elle avait conseillé de faire.

Mais la commission ne s'est pas bornée là ; elle a condamné un principe qu'elle-même avait sanctionné, elle a tari la précieuse source dans laquelle la peinture puisait une jeunesse éternelle ; puis, ne s'arrêtant pas encore, elle a posé les lois de la peinture religieuse, fixé le caractère dont elle ne devait pas s'écarter et soumis les artistes à une surveillance et une direction incessantes ; elle a brisé leurs droits déjà si incertains, et frappé du même coup la confiance fertile qu'une considération acquise avait mise en eux-mêmes.

Si donc on réfléchit au point de départ des conséquences qui amenèrent la dispersion de l'œuvre, on n'accusera pas d'erreur les prévisions des autres conséquences dont les prémisses ont exercé déjà leur dangereuse influence sur les questions les plus graves de l'art. La dispersion des peintures de Saint-Vincent-de-Paul est un fait accompli, et si le silence dédaigneusement gardé envers moi expose les éléments d'une défense qui m'est imposée plus encore par l'intérêt général de mes confrères que par un sentiment personnel, à des dénégations contre lesquelles je me présente à peu près désarmé, j'ai certainement le devoir de m'emparer d'un fait malheureusement trop réel et d'en prévoir les suites, pour accuser d'erreur ou d'injustice le mode de juridiction adopté par la commission des beaux-arts, de protester contre un jugement qui crée, par la seule vertu d'une irresponsabilité insaisissable, une jurisprudence sans règle ni sans base, puisqu'elle ne consulte et ne suit ni les usages, ni les leçons du passé, ni les décisions antérieures, ni les éléments ordinaires de l'accusation et de la défense, ni enfin les sentiments naturels d'équité, de convenance, d'égards et peut-être de reconnaissance envers ceux qui consacrent leur temps à des travaux utiles.

C'est avec le plus profond regret, mais avec la conviction de remplir un devoir, que je signale l'action d'une commission composée de maîtres dont les talents et le caractère méritent le respect et la sympathie. Mais ce regret s'amoindrit si je considère qu'en même temps qu'une commission est irresponsable elle est anonyme, et que si la solidarité de ses membres n'est qu'une fiction nécessaire pour valider ses décisions, les individualités s'effacent lorsqu'elles se sont prononcées.

Dans les questions qu'une commission est appelée à résoudre, chacun de ceux qui la composent émet ou défend une opinion personnelle et sincère, mais nul n'aurait le droit d'interroger le secret de la discussion ou celui d'attribuer à quelqu'un une part qui ne lui appartiendrait pas dans un résultat indivisible. C'est ce que je n'ai pas voulu faire.

C'est donc contre un être impersonnel que je défends ma cause, et il serait contraire à la vérité de me soupçonner la pensée d'adresser des reproches à des confrères que j'estime ou à des personnes dont j'ignore également le nom et les opinions qu'ils ont émises dans des débats malheureux ; malheureux en effet, car ils ont effacé d'un seul trait les traditions de l'Église et les avertissements de l'histoire, ont imposé de nouveau à la peinture religieuse la pression d'une direction fatale, ont ramené ainsi les causes de la décadence de l'art, ont renvoyé dans d'autres temps le réveil de la décoration extérieure, ont étouffé dans son berceau une découverte venue parmi nous pour lui donner une vie éternelle, ont conduit dans les enfantements de l'art le désordre et l'incertitude, ont ébranlé les droits déjà trop incertains des artistes, et ont enfin substitué à la fertile espérance l'anxieux et incessant doute sur la destinée de leurs œuvres.

J'ai été, à mon insu, l'occasion de ces tristes résultats, et je ne veux pas, auprès de mes confrères et auprès du public, accepter la pesante responsabilité des conséquences qui frappent dès aujourd'hui l'art et ceux qui le cultivent, et des précédents qui pourront être un jour invoqués contre leurs ouvrages.

La position qui m'est faite est difficile, périlleuse et surtout pénible ; mais personnellement atteint par la dispersion publique d'une œuvre que je crois avoir honorablement accomplie, je ne veux ni ne peux pas me soustraire aux devoirs que m'impose le soin d'une considération

acquise dans une vie déjà longue et cruellement atteinte
par le silence gardé sur les motifs de la destruction de mon
œuvre en donnant accès aux conseils d'un égoïsme coupable, pusillanime, qui, m'opposant mon insuffisance et le
danger que j'encours, effaceraient de mon souvenir la leçon
renfermée dans cette parole d'un sage :

« Une injustice faite à un seul est une menace pour tous. »

FIN

Paris. — Imprimerie A. Wittersheim, rue Montmorency, 8.

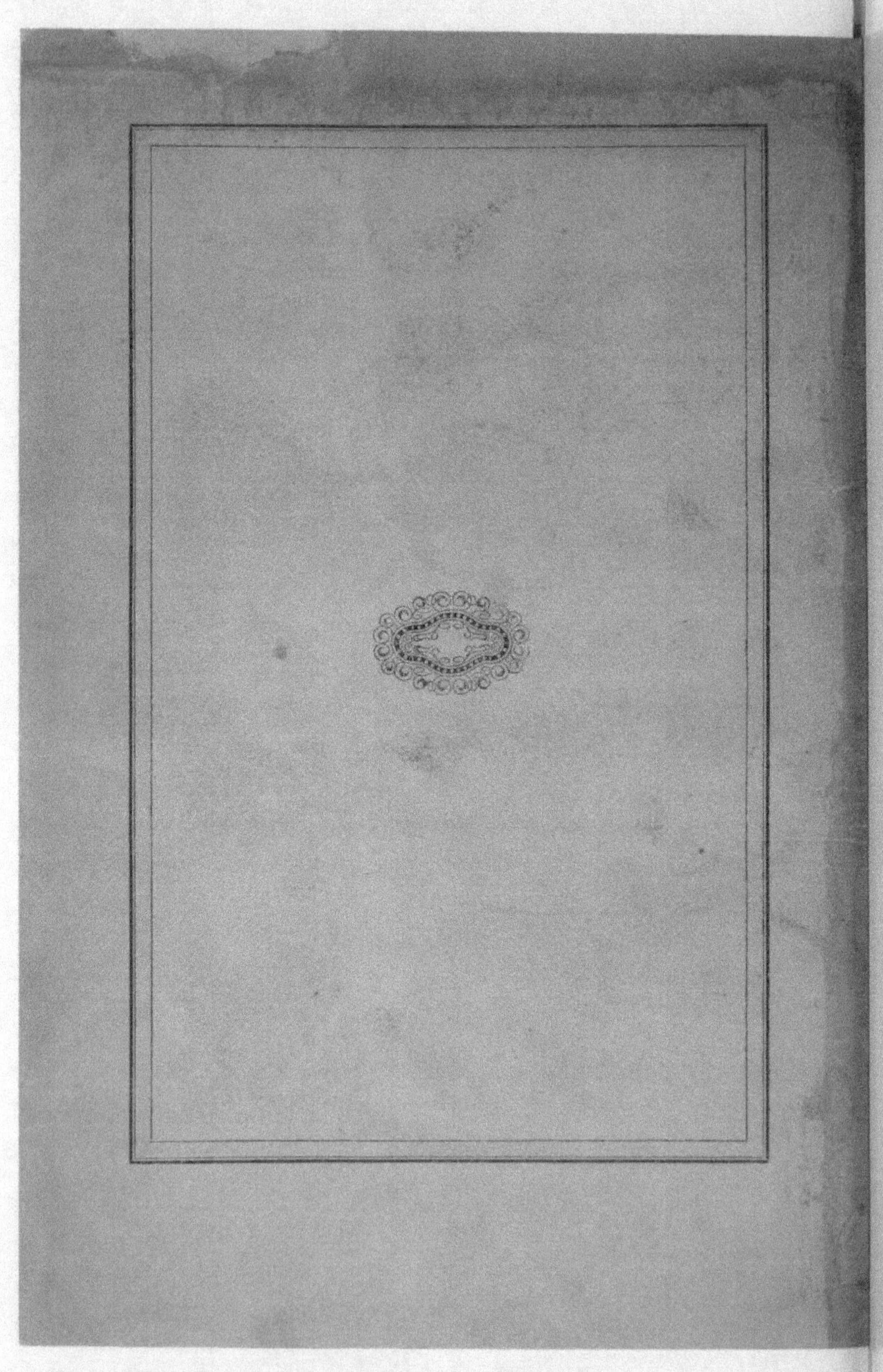